Oltre il Rumore: Ritrova la Tua Calma Interiore

Strategie e Tecniche per Superare l'Overthinking, Elevare la Consapevolezza e Riabbracciare il Presente

Penisieri Positivi

Tenere un diario della gratitudine

Focalizzarsi sul positivo

9. Limitare le distrazioni

Eliminare le distrazioni digitali

Creare uno spazio di lavoro tranquillo

10. Fissare dei limiti

Dire "no" quando necessario

Imparare a prendersi del tempo per sé

11. Esercizio fisico e movimento

Benefici dello sport e dell'attività fisica

Esercizi specifici per la mente

12. Scrivere per liberare la mente

Sintesi dei principali punti trattati

Incoraggiare il lettore a fare il primo passo

1. Introduzione

Definizione di "Overthinking"

L'"overthinking" è il processo di analisi eccessiva, dettagliata e prolungata su decisioni, situazioni o problemi. È come se la mente non fosse in grado di staccarsi da un particolare pensiero, girando in un ciclo continuo senza arrivare a una conclusione o soluzione. Invece di permettere un flusso naturale dei pensieri, l'individuo si ritrova intrappolato in un vortice di ipotesi, "e se?" e scenari ipotetici.

Questo tipo di pensiero può riguardare eventi passati (rimuginando su cosa si sarebbe potuto fare diversamente), preoccupazioni per il futuro (ansia su ciò che potrebbe accadere) o anche decisioni quotidiane apparentemente semplici (come scegliere cosa indossare o cosa mangiare).

L'effetto dell'eccessiva riflessione sulla salute mentale e fisica

L'overthinking non è solo un problema mentale; ha ripercussioni tangibili sulla salute generale di un individuo.

Salute Mentale:

L'overthinking può aumentare i livelli di stress e ansia. Una mente che è costantemente inondata da pensieri può manifestare sintomi come insonnia, irritabilità e difficoltà di concentrazione.

Può portare a problemi come depressione, ansia e disturbo ossessivo-compulsivo (DOC). Una continua riflessione negativa può abbassare l'umore e portare a sentimenti di desolazione e disperazione.

La capacità decisionale viene compromessa. Una persona che riflette eccessivamente può trovarsi paralizzata dalle decisioni, grandi o piccole, per la paura di commettere un errore.

Salute Fisica:

Lo stress cronico causato dall'overthinking può avere effetti negativi sul corpo, come l'innalzamento della pressione sanguigna, problemi digestivi o un sistema immunitario indebolito.

La privazione del sonno è un comune effetto collaterale dell'overthinking. L'incapacità di "staccare" la mente può portare a notti insonni, che a loro volta possono portare a problemi di salute come l'obesità, malattie cardiache e diabete.

La tensione muscolare, mal di testa e affaticamento sono altri sintomi fisici collegati all'overthinking.

Salute Mentale e Overthinking: Ulteriori Implicazioni

Affaticamento Cognitivo:

Mentre la mente umana è potente e capace di elaborare un'enorme quantità di informazioni, c'è un limite a quanto può sopportare senza conseguenze. L'overthinking può portare a un sovraccarico di informazioni e a un affaticamento cognitivo. Questo esaurimento mentale può ridurre la capacità di pensare chiaramente, influenzando la capacità di apprendimento e la memoria.

Autostima e Overthinking:

L'overthinking spesso coinvolge dubbi su se stessi e riflessioni negative. A lungo termine, questo può danneggiare seriamente l'autostima di un individuo. Quando una persona è costantemente preoccupata di non essere all'altezza o di fare errori, può iniziare a dubitare delle proprie capacità, portando a una diminuzione della fiducia in sé stessi.

Relazioni e Interazioni Sociali:

Una continua riflessione può influenzare anche le relazioni personali. Una persona che riflette troppo può diventare eccessivamente critica verso se stessa e verso gli altri. Può iniziare a cercare segni di rifiuto o disapprovazione, anche quando non ci sono, compromettendo la qualità delle interazioni sociali.

Salute Fisica e Overthinking: Implicazioni Prolungate

Sistema Cardiovascolare:

Mentre l'ansia e lo stress sono noti per aumentare la pressione sanguigna a breve termine, l'overthinking cronico e lo stress prolungato possono portare a problemi a lungo termine come l'ipertensione. Questa condizione, se non controllata, può aumentare il rischio di malattie cardiache e ictus.

Sistema Endocrino:

Lo stress prolungato può influenzare il sistema endocrino, portando alla liberazione prolungata di cortisolo, l'ormone dello stress. Un eccesso di cortisolo può influenzare il metabolismo, portare a un aumento di peso, ridurre la funzione immunitaria e aumentare il rischio di malattie croniche.

Salute Digestiva:

L'ansia e lo stress possono alterare la funzione digestiva. L'overthinking può portare a sintomi come nausea, diarrea, costipazione e altri problemi digestivi. Nel lungo periodo, ciò può contribuire a condizioni come la sindrome dell'intestino irritabile o ulcere gastriche.

Salute Muscolo-scheletrica:

Come accennato, l'overthinking può portare a tensione muscolare. Tuttavia, a lungo termine, la tensione cronica può portare a problemi come il dolore cronico, mal di schiena e disturbi della postura.

In definitiva, l'overthinking non solo mina la nostra capacità di funzionare al meglio a livello mentale, ma ha anche ripercussioni tangibili sulla nostra salute fisica. Comprendere la vastità delle sue conseguenze può fornire una motivazione ulteriore per cercare strategie e tecniche per affrontarlo e superarlo.

2. Le Cause dell'Overthinking

Eventi passati

Il nostro cervello ha un'abilità naturale di riflettere sul passato, aiutandoci a apprendere dalle nostre esperienze e a fare scelte migliori in futuro. Tuttavia, quando questa riflessione diventa ossessiva e ripetitiva, può dar luogo all'overthinking.

Trauma e Esperienze Negative: Eventi traumatici, come incidenti, relazioni tossiche o perdite significative, possono rimanere impressi nella memoria. Questi eventi possono causare rumore mentale, con l'individuo che rivive continuamente l'evento cercando di trovare significato, spiegazioni o soluzioni immaginarie.

Rimpianti: Decisioni prese in passato che hanno portato a risultati negativi possono diventare fonti costanti di riflessione. Il "cosa sarebbe successo se" può dominare la mente, impedendo all'individuo di accettare il presente e di avanzare.

Conflitti Interpersonali Non Risolti: Disaccordi con amici, familiari o colleghi possono essere cause di overthinking, specialmente se non sono stati risolti o discussi apertamente.

Paura del futuro

L'ansia riguardo al futuro è un'altra causa comune di overthinking. Il desiderio di controllare o prevedere risultati imprevedibili può portare a una riflessione costante.

Incertezza: Viviamo in un mondo in continua evoluzione e incerto. Preoccupazioni riguardo alla stabilità finanziaria, alla carriera o alla salute possono scatenare spirali di pensieri ansiosi.

Aspettative Elevate: Sia le aspettative personali che quelle imposte dalla società possono creare pressione. La paura di deludere se stessi o gli altri può portare a una costante riflessione sugli scenari futuri.

Evitamento: La paura può anche portare a evitare certe situazioni. Questo evitamento può a sua volta alimentare ulteriori pensieri su ciò che potrebbe accadere se si affrontasse la situazione temuta.

Perfezionismo

Il perfezionismo è la continua ricerca dell'eccellenza, spesso al punto dell'ossessione. Questa mentalità può spesso portare all'overthinking.

Paura dell'Errore: I perfezionisti spesso temono di fare errori. Essi analizzano ogni decisione minuziosamente, preoccupati delle potenziali conseguenze negative, anche se minime.

Comparazione: I perfezionisti tendono a confrontarsi con gli altri, misurando costantemente il proprio successo rispetto agli altri. Questo può portare a riflessioni continue su come migliorare o su cosa si stia facendo "sbagliato".

Autocritica Eccessiva: Anche quando un perfezionista raggiunge un obiettivo, può non sentirsi soddisfatto, concentrando l'attenzione su ciò che avrebbe potuto fare meglio. Questa autocritica può alimentare l'overthinking e minare l'autostima.

In sintesi, le cause dell'overthinking sono complesse e interconnesse. Riconoscere queste cause è il primo passo per affrontarle e trovare strategie efficaci per gestire e ridurre l'overthinking.

Ambiente e Contesto Sociale

L'ambiente in cui viviamo e il contesto sociale possono avere un impatto significativo sui nostri modelli di pensiero.

Pressioni Sociali: La società moderna è inondatta di immagini di successo, bellezza e felicità apparente, spesso veicolate dai media e dai social network. Queste rappresentazioni possono portare le persone a riflettere eccessivamente sulle loro vite, confrontandole con standard spesso irrealistici.

Cultura del Multitasking: Viviamo in un'epoca in cui si è spesso stimolati a fare più cose contemporaneamente. Questa sovraccarica di stimoli può portare la mente a riflettere costantemente, cercando di tenere il passo con le molteplici richieste.

Isolamento Sociale: Nonostante la nostra società sia sempre più connessa digitalmente, molte persone si sentono isolate. La solitudine può amplificare i pensieri interni, portando a cicli di overthinking.

Biologia e Chimica del Cervello

Non possiamo ignorare il ruolo della biologia nel processo dell'overthinking.

Chimica Cerebrale: Squilibri neurochimici, in particolare dei neurotrasmettitori come la serotonina e la dopamina, possono influenzare l'umore e i modelli di pensiero. Questi squilibri possono predisporre alcune persone all'ansia e, di conseguenza, all'overthinking.

Struttura Cerebrale: Studi hanno mostrato che l'attività in certe aree del cervello, come il cingolo anteriore, può essere correlata a tendenze ossessive-compulsive, incluse quelle dell'overthinking.

Genetica: Anche se l'overthinking come tratto non è direttamente ereditario, la predisposizione a disturbi dell'umore o d'ansia, che possono portare a riflessione eccessiva, può avere una componente genetica.

Stile di Vita e Abitudini Quotidiane

Le nostre routine quotidiane possono influenzare direttamente la nostra propensione a riflettere eccessivamente.

Mancanza di Sonno: La privazione del sonno può influenzare negativamente la funzione cognitiva, rendendo più difficile la regolazione dei pensieri e potenziando l'overthinking.

Stimolanti: L'uso eccessivo di caffeina e altri stimolanti può aumentare l'ansia e, di conseguenza, la riflessione eccessiva.

Mancanza di Attività Fisica: L'esercizio fisico aiuta a regolare i neurotrasmettitori e a ridurre lo stress. Una vita sedentaria può contribuire a una maggiore incidenza di overthinking.

Stress e Adattabilità

L'overthinking può anche essere una risposta allo stress.

Gestione dello Stress: Gli individui che non hanno sviluppato metodi efficaci per gestire lo stress possono rifugiarsi nell'overthinking come meccanismo di difesa, anche se controproducente.

Cambiamenti nella Vita: Eventi significativi come un divorzio, la perdita di un lavoro o una malattia possono portare a una riflessione intensa e prolungata.

Identificare e comprendere le cause profonde dell'overthinking è fondamentale. Solo conoscendo queste radici, possiamo sperare di implementare strategie per interrompere questi cicli e promuovere una mentalità più sana e centrata.

Aspetti Psicologici Profondi

Gli aspetti psicologici sottostanti possono gettare luce sulle motivazioni e sui meccanismi dell'overthinking.

Bisogno di Controllo: A livello psicologico, l'overthinking può derivare da un bisogno profondo di controllo. Alcuni individui possono sentire che, riflettendo intensamente su una situazione, possono prevedere o controllare l'outcome, anche se ciò non è realisticamente possibile.

Meccanismi di Difesa: Riflettere eccessivamente può essere un meccanismo di difesa contro emozioni dolorose o traumatiche. Invece di affrontare queste emozioni, l'individuo può diventare ossessionato dai dettagli o dagli scenari ipotetici.

Dinamiche Relazionali e Comunicative

Le dinamiche all'interno delle relazioni possono spesso essere un terreno fertile per l'overthinking.

Comunicazione Ambigua: Se un individuo riceve messaggi ambigui o misti da qualcuno di importante nella sua vita, può trascorrere ore a cercare di "decifrare" il significato nascosto o le intenzioni dell'altro.

Aspettative Non Espresse: Sentire di dover soddisfare aspettative non dette o percepite può portare a riflessioni su come soddisfarle o sulle possibili conseguenze del non farlo.

Cultura e Background Educativo

Gli ambienti educativi e culturali in cui si cresce possono avere un impatto duraturo sul modo di pensare.

Educazione Rigida: Crescere in un ambiente dove gli errori non sono tollerati può instillare la paura dell'errore e quindi alimentare l'overthinking.

Valori Culturali: Alcune culture possono enfatizzare la riflessione e l'introspezione come virtù, mentre altre possono promuovere l'azione e la decisione. Essere in conflitto con questi valori culturali può portare a riflessioni incessanti.

Ambiente di Lavoro

L'overthinking può essere anche influenzato dal tipo di lavoro o dall'ambiente lavorativo.

Responsabilità Elevate: Avere un ruolo che comporta decisioni cruciali, che possono influenzare la vita delle persone o avere grandi ripercussioni finanziarie, può portare a riflessioni continue.

Feedback Mancante o Inadeguato: Non ricevere feedback chiari o regolari sul proprio lavoro può lasciare spazio all'individuo di mettere in discussione se stesso e le proprie decisioni.

Confronto e Globalizzazione

Viviamo in un mondo globalizzato, dove siamo costantemente esposti a storie di successo da tutto il mondo.

Paragone Globalizzato: Ogni volta che vediamo qualcuno avere successo in un'area simile alla nostra, potremmo iniziare a riflettere su ciò che stiamo facendo, su come potremmo fare di meglio o su ciò che potremmo aver fatto in modo diverso.

Accesso Continuo alle Informazioni: In un'era digitale, siamo inondati da informazioni 24/7. Questa sovraccarica informativa può alimentare l'overthinking poiché c'è sempre un nuovo pezzo di informazione da considerare o analizzare.

Riconoscere le molteplici cause dell'overthinking può aiutare gli individui a identificare le aree problematiche specifiche nelle loro vite. Questa consapevolezza è il primo passo per sviluppare strategie personalizzate e interventi mirati per ridurre l'overthinking e migliorare la qualità della vita.

3. La connessione tra stress e overthinking

Come lo stress alimenta l'eccesso di riflessione

Risposta di Allerta: Lo stress è una reazione naturale del corpo a situazioni percepite come minacciose. Quando ci sentiamo sotto pressione o minacciati, il nostro cervello entra in uno stato di "allerta", predisponendoci all'analisi. Questa risposta, che una volta era vitale per la nostra sopravvivenza, ora può tradursi in una tendenza a riflettere eccessivamente sulle sfide moderne, meno tangibili.

Cicli Feedback: Lo stress può innescare overthinking, che a sua volta aumenta i livelli di stress, creando un ciclo di feedback negativo. Più pensiamo a un problema o a una situazione stressante, più diventiamo ansiosi, alimentando ulteriori riflessioni.

Evitamento: Di fronte allo stress, alcune persone possono utilizzare l'overthinking come mezzo per evitare l'azione diretta. Ad esempio, se una persona teme un imminente colloquio di lavoro, potrebbe trascorrere ore a riflettere su ogni possibile scenario piuttosto che prepararsi concretamente o cercare di rilassarsi.

La reazione del corpo all'overthinking

Risposta alla Lotta o alla Fuga: Quando si riflette eccessivamente su una situazione, il corpo può interpretare questo stato mentale come una minaccia, attivando la risposta di "lotta o fuga". Questo porta a una serie di cambiamenti fisiologici, tra cui aumento della frequenza cardiaca, respirazione accelerata e tensione muscolare.

Cortisolo: L'overthinking può portare a un aumento della produzione di cortisolo, l'ormone dello stress. Livelli elevati e prolungati di cortisolo possono avere effetti negativi sulla salute, inclusa la diminuzione della funzione immunitaria, problemi di digestione e disturbi del sonno.

Esaustione Mentale: La riflessione costante può esaurire le risorse mentali. Come un muscolo che viene usato in modo eccessivo, il cervello può diventare "stanco", rendendo difficile la concentrazione, la presa di decisioni e l'elaborazione di nuove informazioni.

Problemi di Sonno: L'overthinking, soprattutto di notte, può interferire con la capacità di addormentarsi e rimanere addormentati. La privazione del sonno può poi aggravare ulteriormente l'overthinking, creando un altro ciclo di feedback negativo.

Problemi Digestivi: Ciò che accade nella mente può avere un impatto diretto sul corpo. L'ansia e lo stress associati all'overthinking possono portare a problemi digestivi, come acidità, indigestione o disturbi intestinali.

Disturbi associati

Molte condizioni psicologiche possono avere sia stress che overthinking come sintomi concomitanti o come fattori scatenanti.

Disturbi d'Ansia: L'overthinking è spesso associato a disturbi d'ansia generalizzata, attacchi di panico e fobie specifiche. In queste condizioni, l'individuo può diventare preoccupato e ossessionato da particolari pensieri o scenari, alimentando ulteriori livelli di ansia.

Depressione: Sebbene la depressione possa manifestarsi con sintomi di letargia o apatia, molte persone con depressione sperimentano anche periodi intensi di overthinking. Questi pensieri possono riguardare autostima, senso di colpa o rimpianti.

I Fattori Ambientali

Gli stimoli esterni possono influenzare i nostri livelli di stress e, di conseguenza, la nostra inclinazione all'overthinking.

SoVRaStimolazione: Viviamo in un'era di informazioni costanti. Essere continuamente esposti a notizie, social media e interruzioni può mantenere il cervello in uno stato di iperattività, favorendo l'overthinking.

Rumore e Inquinamento: Studi hanno mostrato che l'esposizione a livelli elevati di rumore o inquinamento può aumentare i livelli di stress, creando un terreno fertile per l'overthinking.

Ruminazione vs Riflessione

Mentre l'overthinking è spesso visto come negativo, è essenziale distinguere tra ruminazione e riflessione.

Ruminazione: La ruminazione è un tipo di overthinking in cui l'individuo rimane bloccato in un ciclo di pensieri negativi, spesso riguardanti eventi passati o preoccupazioni future. Questo tipo di pensiero può essere dannoso e paralizzante.

Riflessione: D'altro canto, la riflessione è un tipo di pensiero profondo e considerato che può portare a nuove intuizioni e risoluzioni. La riflessione può essere un modo per elaborare emozioni e esperienze in modo costruttivo.

Impatto sulla Salute a Lungo Termine

L'overthinking prolungato e lo stress che ne deriva non hanno solo effetti a breve termine; possono anche avere ripercussioni sulla salute a lungo termine.

Sistema Immunitario: Come menzionato, l'elevata produzione di cortisolo può indebolire il sistema immunitario, rendendo l'individuo più suscettibile a malattie e infezioni.

Salute Cardiovascolare: Lo stress cronico e la tensione associata all'overthinking possono aumentare il rischio di problemi cardiovascolari, come ipertensione e malattie cardiache.

Salute Cognitiva: L'esposizione continua allo stress e l'overthinking possono influenzare negativamente la funzione cognitiva, potenzialmente aumentando il rischio di condizioni come la demenza in età avanzata.

La connessione Emozionale

Il legame tra le emozioni e l'overthinking è profondo. Sentimenti intensi, come la tristezza o la rabbia, possono scatenare periodi di riflessione eccessiva.

Elaborazione Emotiva: Alcune persone utilizzano l'overthinking come mezzo per elaborare le emozioni. Tuttavia, se non gestito correttamente, questo processo può diventare controproducente, causando un ulteriore aumento dello stress e delle emozioni negative.

Comprendere la connessione tra stress e overthinking e i numerosi fattori che possono influenzare questa relazione è essenziale per sviluppare strategie efficaci di gestione e per proteggere la salute mentale e fisica. La consapevolezza di questi legami e delle loro implicazioni può guidare gli individui verso interventi più mirati e verso una maggiore qualità della vita.

Inibizione della Creatività e del Problem-Solving

Blocco Creativo: L'overthinking può mettere i freni al processo creativo. Mentre una certa quantità di stress può effettivamente migliorare la performance, un eccesso di stress e riflessione può far sentire le persone bloccate, incapaci di generare nuove idee o soluzioni.

Presenza Mentale Ridotta: L'overthinking può anche distogliere l'attenzione dal "qui e ora," rendendo difficile affrontare problemi in modo efficace. Se la mente è impegnata in cicli costanti di riflessione e preoccupazione, la capacità di risolvere problemi in modo creativo è compromessa.

Salute Relazionale e Connessioni Sociali

Distacco Emotivo: L'overthinking e lo stress correlato possono portare al ritiro emotivo, poiché l'individuo può diventare così avvolto nei propri pensieri da disconnettersi dalle persone intorno a lui.

Incomprensioni: In uno stato di overthinking, è facile malinterpretare le parole e le azioni degli altri, contribuendo ad aumentare ulteriormente lo stress. Questo può portare a conflitti inutili e tensioni nelle relazioni.

Aspetti Temporali e Cicli di Vita

Impatto sulla Percezione del Tempo: Lo stress e l'overthinking possono distorcere la nostra percezione del tempo. Quando si è immersi in pensieri ansiosi, il tempo può sembrare di passare più lentamente, creando ulteriori livelli di stress.

Momenti Critici della Vita: Periodi di grandi cambiamenti o decisioni importanti possono esacerbare sia lo stress che l'overthinking. Ad esempio, durante transizioni di vita come la laurea, il matrimonio o la nascita di un figlio, le persone sono più inclini a riflettere eccessivamente su quello che potrebbe andare storto, alimentando lo stress.

Impatto sulla Performance e sull'Autostima

Paralisi da Analisi: In ambito lavorativo o accademico, l'overthinking può portare a quello che è comunemente noto come "paralisi da analisi," dove la persona diventa così avvolta nel ponderare ogni dettaglio da diventare incapace di prendere qualsiasi decisione.

Autostima: L'overthinking può portare a una spirale negativa di dubbi su se stessi. L'individuo può iniziare a interrogare le proprie capacità, il che può erodere ulteriormente l'autostima e, di conseguenza, aumentare lo stress.

Altri Disturbi di Salute Mentale

Confluenza con Altri Disturbi: L'overthinking non è solo un fenomeno isolato; spesso è legato ad altri disturbi di salute mentale come depressione, disturbi d'ansia, e disturbi ossessivo-compulsivi. Lo stress può fungere da catalizzatore, esacerbando i sintomi di questi disturbi.

La connessione tra stress e overthinking è intricata, con molteplici livelli di interazione che possono avere un impatto significativo sulla qualità della vita di un individuo. La comprensione profonda di questa relazione è fondamentale per sviluppare strategie terapeutiche ed interventi efficaci che possano aiutare le persone a liberarsi dalla trappola dell'overthinking e vivere una vita più serena e soddisfacente.

4. Il ciclo negativo dell'overthinking

Come inizia e si autoalimenta

Inneschi Esterni: L'overthinking spesso ha origine da stimoli o situazioni esterne. Questi possono includere un commento casuale fatto da un collega, una notizia stressante o un evento inaspettato. Invece di elaborare e rilasciare queste informazioni, la mente inizia a fissarsi su di esse.

Rumore Interno: Pensieri e preoccupazioni latenti possono emergere senza un chiaro stimolo esterno. Un vecchio rimpianto o un timore per il futuro possono innescare un ciclo di overthinking.

Predisposizione Individuale: Alcune persone sono naturalmente più inclini alla riflessione e all'analisi. Questa tendenza, se non controllata, può facilmente trasformarsi in overthinking.

Amplificazione: Una volta che un pensiero o una preoccupazione hanno preso piede, la mente può amplificarlo. Ciò che iniziava come una preoccupazione minore diventa uno scenario catastrofico, alimentando ulteriore ansia e preoccupazione.

La spirale discendente

Focus Ristretto: Man mano che l'overthinking si intensifica, l'individuo può iniziare a focalizzarsi esclusivamente sui pensieri negativi, escludendo ogni altro pensiero o prospettiva.

Rumore di Fondo: Con il tempo, questi pensieri dominanti possono diventare un "rumore di fondo" costante, rendendo difficile concentrarsi su qualsiasi altra cosa o prendere decisioni razionali.

Evitamento: Per tentare di gestire l'angoscia derivante dall'overthinking, un individuo potrebbe iniziare a evitare situazioni, persone o attività che crede possano scatenare ulteriori pensieri negativi. Questo evitamento può limitare le esperienze di vita e isolare ulteriormente la persona.

Effetti Fisici: Come menzionato precedentemente, l'overthinking non influisce solo sulla mente, ma anche sul corpo. Questi effetti fisici (come insonnia, tensione muscolare, ecc.) possono, a loro volta, rafforzare il ciclo di overthinking.

Rafforzamento delle Credenze Limitanti: L'overthinking spesso rafforza le credenze limitanti su se stessi e sul mondo circostante. Per esempio, se qualcuno pensa costantemente "Non sono abbastanza bravo", queste riflessioni possono radicare ulteriormente questa credenza, rendendo ancora più difficile sfidarla o superarla.

Esacerbazione dei Problemi: Paradossalmente, mentre l'overthinking può originare dal desiderio di risolvere o evitare problemi, in realtà può aggravarli. Ad esempio, preoccuparsi eccessivamente di una relazione può effettivamente creare tensioni o incomprensioni che non esistevano prima.

Distorsioni Cognitive:

Generalizzazione Eccessiva: Una singola esperienza negativa viene vista come un pattern di fallimento. Ad esempio, un errore in un progetto può portare alla convinzione: "Sbaglio sempre tutto."

Filtro Mentale: Questa è la tendenza a focalizzarsi esclusivamente sugli aspetti negativi di una situazione, ignorando completamente i positivi. Se dieci cose vanno bene e una va male, l'overthinker si focalizzerà solo su quella negativa.

Catastrofizzazione: Qui, l'individuo immagina sempre il peggior scenario possibile. Una piccola preoccupazione, come un mal di testa, può trasformarsi nel terrore di avere una grave malattia.

Ripercussioni Emotive:

Sentimenti di Impotenza: Una delle conseguenze più devastanti dell'overthinking è il senso di impotenza. Quando si pensa continuamente ai problemi senza passare all'azione, si può iniziare a sentire che la situazione è fuori controllo.

Isolamento Emotivo: Troppi pensieri possono creare una barriera tra l'individuo e gli altri. L'overthinker può sentirsi come se nessuno potesse comprendere o relazionarsi con i suoi pensieri incessanti.

Effetti sulla Capacità Decisionale:

Decisioni Rinviate: L'overthinking può portare alla paralisi decisionale, dove la paura di fare la scelta sbagliata fa sì che non venga presa alcuna decisione.

Mancanza di Fiducia: Una costante seconda indovinazione di se stessi può erodere la fiducia nelle proprie capacità di giudizio, rendendo difficile fidarsi delle proprie decisioni.

Influenze Ambientali e Culturali:

Cultura dell'Informazione: Viviamo in un'epoca in cui siamo bombardati da informazioni. Questo sovraccarico può alimentare l'overthinking, poiché si cerca di elaborare e analizzare ogni pezzo di informazione.

Confronto Sociale: I social media possono esacerbare l'overthinking. Vedere gli highlight della vita di qualcun altro può farci riflettere eccessivamente sulle nostre vite, sulle scelte e sui percorsi.

La Persistenza del Ciclo:

Feedback Negativo: Come un serpente che si morde la coda, ogni round di overthinking rafforza il ciclo. Pensieri ansiosi generano più stress, il che porta a ulteriori pensieri ansiosi.

Rinforzi Esterni: A volte, l'ambiente o le persone intorno possono, involontariamente, rafforzare l'overthinking. Ad esempio, un genitore eccessivamente preoccupato può trasmettere questo comportamento ai propri figli.

L'overthinking, come può essere visto, non è solo un'abitudine o un tratto di personalità, ma un complesso intreccio di reazioni cognitive, emotive e comportamentali. Rompere il ciclo dell'overthinking richiede un approccio multifattoriale, che affronti le radici e le manifestazioni di questo comportamento.

5. Riconoscere quando stai "overthinking"

Segni e sintomi:

Pensieri Ripetitivi: Trovi te stesso a ripensare costantemente alle stesse situazioni, conversazioni o decisioni, senza arrivare a una conclusione o soluzione.

Insonnia: La difficoltà a prendere sonno o svegliarsi nel cuore della notte con la mente che corre sono spesso segni di overthinking.

Ansia o Sentimenti di Oppressione: Un senso crescente di preoccupazione, agitazione o nervosismo, soprattutto quando non c'è una ragione immediata o evidente per questi sentimenti.

Difficoltà nella Decisione: Sentire che ogni decisione, anche quelle quotidiane e banali, richiede un'analisi eccessiva.

Ruminazione sul Passato: Fissarsi su errori, imbarazzi o momenti imbarazzanti del passato, ripensandoli ripetutamente.

Preoccupazione Eccessiva per il Futuro: Costantemente preoccupato per ciò che potrebbe accadere, immaginando scenari negativi o catastrofici.

Mancanza di Azione: Trovarti paralizzato o riluttante a muoverti avanti su un compito o una decisione a causa dei pensieri che ti opprimono.

Distrazione: Trovare difficile concentrarsi su una singola attività perché la tua mente è altrove.

Reazioni Emotive Intense: Sentirsi sopraffatto da emozioni intense, come irritazione o tristezza, in risposta a pensieri o situazioni che normalmente non avrebbero avuto un tale effetto su di te.

Monitorare i tuoi pensieri:

Diario dei Pensieri: Tenere un diario può aiutarti a identificare schemi di overthinking. Scrivi i tuoi pensieri e sentimenti, e nota le circostanze che sembrano innescare l'overthinking.

Feedback degli Altri: Le persone intorno a te possono notare se ti stai perdendo nei tuoi pensieri. Chiedi loro di farti sapere se ti vedono diventare eccessivamente analitico o preoccupato.

Mindfulness e Meditazione: Praticare la mindfulness ti aiuta a diventare più consapevole dei tuoi pensieri e sentimenti nel momento presente. Questa consapevolezza può aiutarti a riconoscere quando inizi a scivolare nell'overthinking.

Pausa di Riflessione: Se ti accorgi di essere bloccato in un ciclo di pensieri, prenditi un momento per fermarti e valutare. Chiediti: "Sto overthinking ora? Sono questi pensieri produttivi?"

Limita l'Esposizione a Stimoli: Se noti che certi stimoli, come le notizie o i social media, alimentano il tuo overthinking, limita la tua esposizione a essi. Imposta dei tempi specifici in cui controlli questi canali o prendi delle pause digitali.

Riconoscere l'overthinking è il primo passo fondamentale per affrontarlo. Con una maggiore consapevolezza, puoi iniziare a prendere misure per interrompere il ciclo e ridurre gli effetti negativi che ha sulla tua vita.

Manifestazioni Fisiche dell'Overthinking:

Tensione Muscolare: Quando si è presi dal vortice dell'overthinking, potresti notare che i muscoli, in particolare quelli del collo, delle spalle o della schiena, diventano tesi. Questa tensione può portare a mal di testa o altri dolori muscolari.

Alterazioni nel Respiro: Una respirazione superficiale o accelerata può essere un segno che la tua mente sta correndo a mille.

Stomaco Irritato: L'ansia e la preoccupazione derivanti dall'overthinking possono manifestarsi come disturbi digestivi, come mal di stomaco o acidità.

Cambiamenti Comportamentali:

Evitamento: Puoi iniziare a evitare situazioni o persone che temi possano scatenare ulteriore overthinking, limitando così le tue interazioni e le esperienze.

Procrastinazione: L'overthinking può portare a rimandare le decisioni o le azioni, nel tentativo di avere "più tempo per riflettere", che può ulteriormente esacerbare il ciclo dell'overthinking.

Compulsività: Alcuni possono reagire all'overthinking cercando controllo attraverso comportamenti compulsivi, come controllare ripetutamente le cose o organizzare in modo ossessivo.

Valutazione del Tempo:

Temporalità Dei Pensieri: Se ti ritrovi costantemente concentrato sul passato o preoccupato per il futuro, piuttosto che vivere nel presente, potrebbe essere un segnale di overthinking.

Dilatazione Temporale: Le ore possono sembrare minuti quando sei immerso in un ciclo di overthinking, con il tempo che sembra scivolare via senza che tu te ne accorga.

Strumenti di Auto-analisi:

App di Tracciamento dell'Umore: Ci sono molte applicazioni disponibili che ti permettono di registrare il tuo umore e i tuoi pensieri associati, aiutandoti a identificare quando e perché potresti cadere nell'overthinking.

Tecniche di Grounding: Queste tecniche, come la "tecnica 5-4-3-2-1", possono aiutarti a riconnetterti al momento presente quando ti senti sopraffatto dai pensieri. Sono particolarmente utili per interrompere il ciclo dell'overthinking quando lo riconosci.

Questionari e Test: Ci sono vari questionari psicologici e test autodiagnostici che possono aiutarti a riconoscere e valutare l'entità del tuo overthinking.

Confronto Con Altri:

Gruppi di Supporto: Partecipare a gruppi di supporto per l'ansia o l'overthinking può offrirti una prospettiva esterna. Ascoltare le esperienze degli altri può aiutarti a riconoscere i segni dell'overthinking nella tua vita.

Riconoscere l'overthinking può richiedere tempo e pratica, soprattutto se è diventato un abitudine o una reazione automatica. Tuttavia, con la consapevolezza e gli strumenti giusti, puoi identificarlo e iniziare a prendere le misure per ridurlo o gestirlo in modo efficace.

Misure Quantitative:

Monitoraggio del Tempo: Usa un cronometro o un'app di tracciamento del tempo per registrare quanto tempo effettivamente passi a pensare a un determinato problema o situazione. Vedere il tempo "in numeri" può essere un segnale d'allarme.

Scala di Intensità: Crea una scala da 1 a 10 per valutare l'intensità dei tuoi pensieri. Se ti ritrovi a superare spesso il livello 7, è un chiaro segnale che stai overthinking.

Segni Psicosomatici:

Tensione Muscolare: Se ti accorgi di avere tensione nei muscoli, specialmente al collo, alle spalle o alla mascella, potrebbe essere un segno fisico di overthinking.

Aumento del Battito Cardiaco: L'ansia generata dall'overthinking può manifestarsi attraverso un aumento del battito cardiaco o palpiti.

Disturbi Digestivi: Stress e ansia possono colpire il sistema digestivo, portando a sintomi come nausea o disturbi intestinali.

Effetti sulle Relazioni:

Conversazioni Superficiali: Se ti trovi ad evitare conversazioni profonde o impegnative per paura di dire la cosa sbagliata o di essere giudicato, potrebbe essere un segnale di overthinking.

Ritiro Sociale: Il desiderio di evitare potenziali stimoli di stress può portarti ad allontanarti dagli amici e dai familiari.

Segnali Indiretti:

Procrastinazione: L'overthinking può portare alla procrastinazione come meccanismo di difesa per evitare decisioni o azioni che potrebbero scatenare ulteriore stress.

Perfezionismo: Sentire che ogni dettaglio deve essere analizzato e ottimizzato può essere un sintomo di overthinking.

Auto-critica: Se trovi che il tuo dialogo interno è prevalentemente critico e senza tregua, è probabile che tu stia cadendo nella trappola dell'overthinking.

Tecniche di Auto-indagine:

Domande Dirette: Porsi domande come "Qual è il peggior scenario che potrebbe accadere?" o "Questo sarà rilevante tra cinque anni?" possono aiutare a valutare la gravità e la pertinenza dei tuoi pensieri.

Analisi SWOT: Prova a fare un'analisi dei Punti di forza, debolezza, opportunità e minacce (SWOT) riguardo al problema su cui stai pensando troppo. Questo può offrire una visione più equilibrata della situazione.

6. Meditazione e Mindfulness

La pratica della consapevolezza:

Definizione di Mindfulness:

La mindfulness, o consapevolezza, si riferisce alla pratica di essere pienamente presenti e impegnati nel momento, senza giudizio. Si tratta di osservare i propri pensieri e sentimenti senza cercare di cambiarli o reagire a essi.

Benefici della Mindfulness:

Riduzione dello Stress: Aiuta a calmare la mente, riducendo l'ansia e il panico.

Aumento della Concentrazione: Migliora la capacità di focalizzarsi su compiti specifici, riducendo le distrazioni.

Maggiore Connettività Emotiva: Favorisce una comprensione più profonda delle proprie emozioni e di come reagire ad esse.

Pratiche di Consapevolezza Quotidiana:

Osservazione Attenta: Presta attenzione alle attività quotidiane, come mangiare, camminare o respirare. Ad esempio, quando mangi, nota sapori, texture e aromi.

Ascolto Attivo: Quando parli con qualcuno, concentrati pienamente su ciò che sta dicendo senza pensare alla tua risposta.

Tecniche di meditazione per principianti:

Meditazione su Anapana (Respirazione):

Siediti in una posizione comoda, con la schiena dritta.

Chiudi gli occhi e porta la tua attenzione al tuo respiro.

Osserva la sensazione dell'aria che entra ed esce dalle narici.

Quando la mente divaga, riconosci gentilmente la distrazione e riporta la tua attenzione al respiro.

Meditazione Guidata:

Ascolta registrazioni o app che guidano l'utente attraverso una sessione di meditazione.

Queste spesso includono visualizzazioni, rilassamento progressivo e altre tecniche per aiutare a centrare la mente.

Meditazione Camminata:

Cammina lentamente e consapevolmente, notando ogni movimento del piede mentre tocca il terreno.

Senti la connessione tra il piede e la terra e sii consapevole di ogni passo.

Meditazione Metta (Amorevole Gentilezza):

Inizia focalizzando l'attenzione sul respiro.

Lentamente, inizia a inviare pensieri di amore e gentilezza verso te stesso: "Possa io essere felice. Possa io essere in pace."

Estendi questi pensieri di amore e gentilezza verso gli altri, includendo amici, familiari e persino sconosciuti o nemici.

Meditazione di Scansione Corporea:

Siediti o sdraiati in una posizione comoda.

Inizia dai piedi e sali lentamente attraverso ogni parte del corpo, notando ogni sensazione, calore, freddo o tensione.

L'obiettivo è osservare senza giudicare o cercare di cambiare ciò che senti.

Meditazione e mindfulness sono potenti strumenti per interrompere il ciclo dell'overthinking. Attraverso queste pratiche, si impara a non attaccarsi ai pensieri e a vederli per quello che sono: semplici passaggi nella mente. Con il tempo e la pratica regolare, si può sviluppare una mente più calma e centrata, riducendo significativamente l'impulso di sovrappensare.

Strumenti e Ambientazioni per la Meditazione:

Cuscini e Panche:

Utilizzare cuscini speciali o panche per meditare può aiutare a mantenere una postura corretta e a sentirsi più comodi durante le sessioni più lunghe.

Ambiente:

Creare uno spazio dedicato alla meditazione nella tua casa può rafforzare la tua pratica. Questo non ha bisogno di essere un'intera stanza; un angolo tranquillo con una candela o alcune pietre può essere sufficiente.

Musica e Suoni:

Molti trovano utile meditare con suoni di sottofondo come onde, canti, pioggia o suoni della foresta. Ci sono numerose app e registrazioni che offrono questi suoni.

Mindfulness nelle Attività Quotidiane:

Mangiare in Modo Consapevole:

Prenditi il tempo per gustare ogni morso di cibo.
Nota la texture, il sapore, e come ti fa sentire.
Questa pratica non solo riduce l'overthinking ma
può anche aiutare con la digestione e la sazietà.

Doccia Mindful:

Concentrati sulla sensazione dell'acqua sulla tua
pelle, l'odore del sapone e il suono dell'acqua.
Rende una routine quotidiana un momento
meditativo.

Ascolto Mindful:

Quando sei in conversazione, invece di pensare a
cosa dirai dopo, concentrati veramente su ciò che
l'altra persona sta dicendo.

Profondità della Meditazione:

Trascendere l'Io:

Con una pratica profonda, si può iniziare a sentire
una connessione con qualcosa di più grande di sé.
Questa sensazione di unità può aiutare a mettere in
prospettiva piccoli problemi o preoccupazioni.

Realizzazione della Caducità:

La meditazione può portarti a riconoscere che tutto,
compresi i tuoi pensieri, è temporaneo. Questa
realizzazione può aiutarti a lasciare andare pensieri
persistenti o ossessivi.

Ostacoli e Sfide nella Meditazione:

Sensazione di Frustrazione:

È comune sentirsi frustrati quando la mente continua a vagare durante la meditazione. È importante ricordare che la pratica stessa non è di "svuotare la mente", ma di notare quando la mente si distrae e riportarla gentilmente al presente.

Impazienza:

Molti si aspettano risultati immediati dalla meditazione. Tuttavia, come qualsiasi altra abilità, richiede pratica e persistenza.

Postura:

Mantenere una postura corretta può essere difficile, specialmente per i principianti. È utile iniziare con sessioni brevi e, se necessario, utilizzare cuscini o panche per sostenere la schiena.

Risorse Supplementari:

Considera l'idea di frequentare ritiri di meditazione o workshop per approfondire la tua pratica. Inoltre, ci sono molti libri e corsi online che possono offrire istruzioni dettagliate e approfondimenti sulla meditazione e sulla mindfulness.

Nel complesso, l'integrazione della meditazione e della mindfulness nella vita quotidiana può offrire un antidoto potente all'overthinking, portando maggiore pace, chiarezza e gioia nel quotidiano.

Vantaggi Neurologici della Meditazione:

Plasticità Cerebrale:

La meditazione ha dimostrato di influenzare la plasticità cerebrale, ossia la capacità del cervello di cambiare e adattarsi. Attraverso la pratica regolare, alcune aree del cervello, come l'ippocampo (legato alla memoria e all'apprendimento), possono mostrare un aumento della densità della materia grigia.

Connessioni Neurali:

La meditazione può rafforzare le connessioni neurali, in particolare tra le aree del cervello associate alla consapevolezza di sé, alla regolazione delle emozioni e alla concentrazione.

Riduzione dell'Attività nella Corteccia Prefrontale:

Durante la meditazione, l'attività nella corteccia prefrontale (l'area del cervello legata al pensiero razionale) può diminuire, permettendo una maggiore sensazione di tranquillità.

Mindfulness al Lavoro:

Pause di Consapevolezza:

Introdurre brevi pause di 5-10 minuti durante la giornata lavorativa per praticare la mindfulness può aiutare a rinfrescare la mente e migliorare la produttività.

Riunioni Mindful:

Iniziare le riunioni con un minuto di silenzio o di attenzione al respiro può aiutare tutti i partecipanti a essere più presenti e focalizzati.

Comunicazione Consapevole:

Praticare l'ascolto attivo e parlare con intenzionalità può migliorare la comunicazione sul luogo di lavoro e ridurre i malintesi.

Mindfulness per Bambini e Adolescenti:

Giochi di Respirazione:

Insegnare ai bambini a concentrarsi sul loro respiro attraverso semplici giochi o attività può aiutarli a calmarsi e a gestire meglio le emozioni.

Storie Guidate:

Utilizzare storie o favole che incoraggiano la consapevolezza e la riflessione può aiutare i bambini a comprendere e a praticare la mindfulness in modo divertente.

Routine Quotidiane:

Incorporare la mindfulness nelle attività quotidiane dei bambini, come lavarsi i denti o vestirsi, può stabilire abitudini salutari fin dalla giovane età.

Meditazione e Mindfulness nelle Culture del Mondo:

Ogni cultura ha la propria interpretazione e pratica della meditazione e della mindfulness. Esplorare queste diverse tradizioni può offrire una prospettiva unica e arricchire la tua pratica personale.

Zen Giapponese:

Questa forma di meditazione si concentra sulla seduta in silenzio e sull'osservazione dei pensieri senza attaccamento.

Vipassana Indiana:

Una pratica antica che implica osservare le sensazioni del corpo e la natura impermanente delle cose.

Meditazione Trascendentale:

Originaria dell'India, questa forma implica la ripetizione di un mantra specifico.

Pratica Taoista Cinese:

Concentrandosi sulla connessione con la natura e l'armonia interiore.

Sostenere la Pratica con una Comunità:

Partecipare a gruppi o comunità di meditazione può offrire sostegno e ispirazione. Essere circondati da altri che condividono una pratica simile può rafforzare il tuo impegno e offrirti nuove prospettive.

In definitiva, la meditazione e la mindfulness sono strumenti preziosi per navigare nel tumulto della vita moderna. Attraverso la pratica regolare, è possibile sviluppare una maggiore resilienza, chiarezza e benessere interiore.

7. Respiro Consapevole

Come il respiro può influenzare i tuoi pensieri:

Connessione mente-corpo:

Il respiro è l'unico sistema autonomo del corpo che può essere facilmente controllato. Pertanto, può servire come un ponte tra la mente e il corpo, influenzando entrambi simultaneamente.

Riduzione della risposta allo stress:

Il respiro profondo e ritmato può attivare il sistema nervoso parasimpatico, responsabile per la risposta "riposo e digestione" del corpo. Questo può aiutare a calmare una mente ansiosa e a ridurre l'effetto dello stress.

Focus e Concentrazione:

Un respiro regolare e controllato può aiutare a chiarire la mente, facilitando la concentrazione e riducendo la distrattibilità.

Regolazione Emozionale:

Quando siamo emotivamente agitati, il nostro respiro tende ad essere irregolare o superficiale. Portando consapevolezza al respiro, possiamo stabilizzare le nostre emozioni.

Esercizi di Respirazione:

1. Respirazione Addominale:

Siediti o sdraiati in una posizione comoda.

Metti una mano sul petto e l'altra sullo stomaco.

Inspira lentamente dal naso, facendo sì che lo stomaco si espanda (la mano sul petto dovrebbe rimanere ferma).

Espira lentamente dalla bocca o dal naso, sentendo lo stomaco contrarsi.

Ripeti per almeno 5-10 minuti.

2. Respirazione 4-7-8:

Siediti con la schiena dritta.

Chiudi la bocca e inspira silenziosamente dal naso contando fino a 4.

Trattieni il respiro contando fino a 7.

Espira completamente dalla bocca, facendo un sibilo, per un conteggio di 8.

Questa è una respirazione. Ora ripeti il ciclo altre tre volte per un totale di quattro respiri.

3. Respirazione a narice alternata (Nadi Shodhana):

Siediti comodamente con la schiena dritta.

Usa il pollice destro per chiudere la narice destra.

Inspira profondamente attraverso la narice sinistra.

Ora chiudi la narice sinistra con l'anello e il mignolo e apri la narice destra.

Espira attraverso la narice destra, poi inspira dalla stessa narice.

Chiudi la narice destra e apri la sinistra, poi espira dalla narice sinistra.

Questo rappresenta un ciclo. Continua per almeno 5-10 cicli.

4. Respirazione Quadrata:

Siediti comodamente.

Inspira per un conteggio di 4.

Trattieni il respiro per un conteggio di 4.

Espira per un conteggio di 4.

Mantieni i polmoni vuoti per un conteggio di 4.

Ripeti per almeno 5 minuti.

Incorporando questi esercizi di respirazione nella tua routine quotidiana, puoi sviluppare maggiore consapevolezza e controllo del tuo stato mentale. Con la pratica, troverai più facile tornare a un centro di calma e chiarezza, anche nei momenti di stress o turbamento.

L'antica saggezza del respiro:

La pratica di focalizzarsi sul respiro ha radici antiche e si trova in molte tradizioni spirituali e culturali. I monaci buddisti, ad esempio, usano il respiro come strumento principale nella loro pratica meditativa. Anche nel campo dello yoga, il "pranayama" o controllo del respiro è fondamentale.

Respiro e Fisiologia:

Ritmo cardiaco e respiro:

Quando respiriamo profondamente e ritmicamente, può sincronizzarsi il nostro battito cardiaco, un fenomeno noto come coerenza cardiaca. Questa sincronizzazione ha effetti benefici sul corpo, come la riduzione della pressione sanguigna.

Ossigenazione del cervello:

Un respiro profondo e consapevole garantisce una migliore ossigenazione del cervello, promuovendo la chiarezza mentale e una migliore funzione cognitiva.

L'arte del respiro nel quotidiano:

Respiro durante le attività:

Che tu stia facendo esercizio, cucinando, o semplicemente camminando, diventare consapevole del tuo respiro può trasformare un'attività ordinaria in un'occasione meditativa.

Respiro e alimentazione:

Praticare la respirazione consapevole prima dei pasti può aiutare la digestione. Prendersi un momento per respirare profondamente e ringraziare per il cibo di fronte a te può portare maggiore consapevolezza e gratitudine alla tua esperienza alimentare.

Ulteriori esercizi di respirazione:

5. Respirazione del Fuoco (Kapalbhati):

Siediti in una posizione confortevole con la schiena dritta.

Inizia con un respiro profondo.

Espira forzatamente e rapidamente dal naso, contraindo gli addominali.

Lascia che l'inspirazione avvenga naturalmente e senza sforzo.

Continua per 15-30 secondi e poi rallenta tornando a un respiro normale.

6. Contemplazione del respiro:

Trova un luogo tranquillo per sederti o sdraiarti.

Invece di modificare il tuo respiro, osservalo semplicemente. Nota la temperatura, il ritmo, e qualsiasi altro dettaglio.

Quando la mente vaga, torna gentilmente all'osservazione del respiro.

7. Respirazione contata:

Siediti in una posizione comoda.

Inspira per un conteggio di 5.

Trattieni per un conteggio di 3.

Espira lentamente per un conteggio di 7.

Ripeti per almeno 5-10 minuti.

Respiro e interazione sociale:

Prestare attenzione al proprio respiro durante le interazioni sociali può aiutare a rimanere centrati e presenti. Se ti trovi in una conversazione stressante o difficile, fare qualche respiro profondo può aiutarti a rispondere con maggiore calma e riflessione.

In conclusione, il respiro è molto più di una funzione corporea automatica: è una potente chiave per la nostra salute mentale e fisica. Cultivando una pratica di respiro consapevole, possiamo accedere a un profondo senso di pace e benessere, ovunque ci troviamo.

8. La Pratica della Gratitudine

Il Potere della Gratitudine:

La gratitudine non è solo una semplice espressione di ringraziamento, ma è un potente catalizzatore per il benessere. Può migliorare l'umore, ridurre lo stress e aiutare a sviluppare una prospettiva più positiva sulla vita.

Scienza e Gratitudine:

Studi hanno dimostrato che le persone che praticano regolarmente la gratitudine hanno livelli di stress ridotti, una migliore qualità del sonno, e una maggiore soddisfazione nella vita. Hanno anche mostrato di avere un sistema immunitario più forte e meno probabilità di sviluppare disturbi depressivi.

Tenere un Diario della Gratitudine:

Benefici:

Avere un luogo dedicato per annotare ciò per cui si è grati può servire come un promemoria tangibile della bellezza e delle gioie della vita, anche nei momenti difficili.

Come Iniziare:

Scegli un diario o un quaderno che ti piace.

Dedica un momento specifico ogni giorno, magari prima di dormire, per riflettere e scrivere.

Annota tre cose per cui sei grato quel giorno. Non importa quanto siano grandi o piccole.

Cerca di evitare ripetizioni; ciò ti incoraggerà a riflettere più profondamente e a notare i piccoli dettagli positivi della tua vita.

Focalizzarsi sul Positivo:

Ricalibrare la Mente:

Spesso, la mente umana è sintonizzata a notare ciò che è sbagliato o ciò che manca nella nostra vita, un retaggio dell'evoluzione chiamato "bias di negatività". La pratica della gratitudine può aiutarci a ricalibrare la nostra attenzione, ponendo maggiore enfasi sul positivo.

Esercizio del Barattolo della Gratitudine:

Prendi un barattolo vuoto e delle piccole note di carta.

Ogni giorno, scrivi qualcosa di positivo che ti è accaduto o qualcosa per cui sei grato su una nota.

Inserisci la nota nel barattolo.

Alla fine dell'anno, o quando ti senti giù di morale, apri il barattolo e leggi le note per ricordarti dei momenti positivi.

Gratitudine nel quotidiano:

Fai una pausa durante la giornata per fermarti e apprezzare ciò che ti circonda. Può trattarsi di qualcosa di semplice come il sole che splende, il canto degli uccelli o un sorriso da un estraneo. Questi piccoli momenti di apprezzamento possono sommarsi e avere un impatto significativo sulla tua percezione generale della vita.

Incorporando la pratica della gratitudine nella tua vita quotidiana, scoprirai che è più facile concentrarsi sulle gioie e sulle bellezze della vita piuttosto che sugli ostacoli. Questo atteggiamento può non solo migliorare la tua salute mentale, ma può anche influenzare positivamente le persone intorno a te, creando un ciclo virtuoso di positività.

La Neuroscienza della Gratitudine:

La gratitudine ha effetti misurabili sul cervello. Studi di neuroimaging hanno mostrato che esprimere gratitudine attiva l'ipotalamo, una parte del cervello che regola una varietà di funzioni corporee essenziali, tra cui l'appetito, il sonno e la produzione di stress. Questo suggerisce che la gratitudine potrebbe avere effetti benefici sul benessere generale e sul modo in cui reagiamo allo stress.

Inoltre, la gratitudine è associata all'attivazione di regioni del cervello legate ai sistemi di ricompensa, rilasciando neurotrasmettitori come la dopamina, che produce sensazioni di piacere e contentezza.

L'Effetto "Boomerang" della Gratitudine:

Quando mostriamo gratitudine, spesso scateniamo una reazione a catena. Esprimere apprezzamento può incoraggiare gli altri a fare lo stesso, creando un'atmosfera di reciprocità e connessione. Questo rafforzamento delle relazioni sociali può ulteriormente contribuire al nostro benessere.

La Gratitudine nei Momenti Difficili:

Mentre è facile sentirsi grati quando tutto va bene, è nei momenti di difficoltà che la gratitudine può essere particolarmente potente. Riconoscere le piccole benedizioni o le lezioni apprese durante i periodi difficili può aiutare a trasformare la percezione delle sfide e a trovare forza e speranza.

Esercizio della "Percezione Riconfigurata":

Rifletti su una sfida recente o passata nella tua vita.

Invece di concentrarti sugli aspetti negativi, chiediti: "Cosa ho imparato da questa esperienza? C'è qualcosa per cui posso essere grato, nonostante la difficoltà?"

Scrivi le tue riflessioni, concentrandoti sui lati positivi o le lezioni apprese.

La Gratitudine come Stile di Vita:

Integrare la gratitudine nella tua routine quotidiana può trasformarsi in uno stile di vita. Piuttosto che vedere la gratitudine come un'attività isolata, può diventare un modo di vivere e di percepire il mondo.

Esercizio del "Percorso della Gratitudine":

Durante una passeggiata quotidiana, imposta l'intenzione di notare e apprezzare le piccole cose intorno a te.

Potrebbe essere la bellezza della natura, un gesto gentile da parte di uno sconosciuto o semplicemente la sensazione del sole sulla pelle.

Con ogni passo, rinforza la tua connessione con il presente e nutri un senso di gratitudine per l'esperienza.

Conclusione:

La gratitudine, quando praticata con consapevolezza e intenzione, ha il potere di trasformare non solo la nostra percezione interna ma anche le nostre interazioni esterne. Attraverso esercizi, riflessioni e una dedicata pratica quotidiana, possiamo coltivare una profonda sensazione di apprezzamento che permea ogni aspetto della nostra vita, conducendo a una maggiore gioia, connessione e benessere complessivo.

9. Limitare le Distrazioni

Il Costo delle Distrazioni:

Viviamo in un'epoca in cui le distrazioni sono all'ordine del giorno. Una notifica sullo smartphone, un'email che arriva, una nuova puntata della nostra serie TV preferita: tutte queste cose lottano per attirare la nostra attenzione. E mentre queste distrazioni possono sembrare innocue, in realtà hanno un costo. Oltre a compromettere la nostra produttività, possono anche alimentare lo stato di overthinking, distogliendoci dal momento presente e frammentando la nostra attenzione.

Eliminare le Distrazioni Digitali:

1. Notifiche al Minimo:

Disattiva tutte le notifiche non essenziali sul tuo telefono o computer. Ciò include app di social media, giochi e notizie. Se una notifica non riguarda una chiamata o un messaggio direttamente rivolto a te, chiediti se ne hai davvero bisogno.

2. "Detox Digitale":

Dedica alcune ore al giorno, o addirittura un'intera giornata alla settimana, lontano dai dispositivi elettronici. Usa questo tempo per leggere, meditare, fare passeggiate o altre attività offline.

3. App di Monitoraggio:

Utilizza app come "Forest" o "Focus@Will" per monitorare e limitare il tempo trascorso su determinate app o siti web. Queste applicazioni ti aiutano a rimanere concentrato, riducendo la tentazione di navigare in modo impulsivo.

Creare uno Spazio di Lavoro Tranquillo:

1. Personalizza il tuo Spazio:

Dedica un'area specifica della tua casa o del tuo ufficio come spazio di lavoro. Quando sei lì, il tuo cervello riconosce che è il momento di concentrarsi.

2. Rimuovi Distrazioni Visive:

Mantieni la tua scrivania e il tuo spazio di lavoro ordinati e privi di elementi superflui. Un ambiente pulito e ordinato può ridurre la sensazione di caos e migliorare la concentrazione.

3. Uso di Cuffie:

Se ti trovi in un ambiente rumoroso, indossa cuffie per cancellare il rumore o per ascoltare musica rilassante che potrebbe aiutarti a concentrarti.

4. Pause Programmate:

Lavora in blocchi di tempo, come 25 minuti di lavoro seguiti da una pausa di 5 minuti. Questo metodo, noto anche come tecnica Pomodoro, può aiutare a mantenere alta l'attenzione e a fornire momenti regolari per rilassarsi e staccare.

5. Ambiente Fisico:

Considera l'illuminazione, la temperatura e la comodità della tua sedia e della tua scrivania. Un ambiente confortevole può fare una grande differenza nella tua capacità di concentrarti.

La Psicologia delle Distrazioni:

Le distrazioni non sono solo impedimenti esterni; spesso, la nostra predisposizione interna gioca un ruolo cruciale nel rendere efficaci queste distrazioni. Comprendere la psicologia delle distrazioni può fornire strumenti per combatterle più efficacemente.

1. Curiosità Vs. Necessità:

Spesso ci lasciamo distrarre non perché abbiamo bisogno di quelle informazioni, ma perché la nostra mente è naturalmente curiosa. Riconoscere questa differenza può aiutare a resistere all'impulso di controllare ogni notifica o aggiornamento.

2. Evasione Emotiva:

A volte, ci distraiamo per evitare di affrontare emozioni o compiti difficili. Riconoscere quando stai usando distrazioni come meccanismo di difesa può permetterti di affrontare direttamente ciò che stai evitando.

Approfondimento sulle Distrazioni Digitali:

1. Scorrimento Infinito:

Molti siti web e app, in particolare i social media, utilizzano il "scroll infinito" per mantenere gli utenti impegnati il più a lungo possibile. Essere consapevoli di questa tattica può aiutarti a interrompere l'abitudine.

2. Digital Detox Notturno:

Evita l'uso di dispositivi elettronici almeno un'ora prima di andare a letto. Ciò può migliorare la qualità del sonno e ridurre l'ansia e l'overthinking notturno.

Strategie Avanzate per Creare uno Spazio di Lavoro Tranquillo:

1. Colori e Umore:

I colori del tuo spazio di lavoro possono influenzare il tuo stato d'animo e la tua produttività. Tonalità come il blu e il verde sono spesso considerate rilassanti e possono promuovere la concentrazione.

2. Piante da Interno:

Le piante non solo migliorano la qualità dell'aria, ma possono anche ridurre lo stress e aumentare la produttività. Considera l'idea di aggiungere alcune piante da interno, come la sansevieria o il pothos, al tuo spazio di lavoro.

3. Zone "No-Tech":

Designa alcune aree della tua casa come zone senza tecnologia. Questi possono essere luoghi per leggere, meditare o semplicemente rilassarsi senza la presenza di dispositivi digitali.

4. Rituali di Inizio Lavoro:

Stabilisci un rituale per iniziare la tua giornata lavorativa, come fare qualche minuto di respirazione profonda o scrivere in un diario. Questo può aiutarti a entrare in uno stato d'animo focalizzato e ridurre le distrazioni durante il giorno.

Tecniche per Sostenere una Concentrazione Profonda:

1. Allenamento della Concentrazione:

Proprio come qualsiasi altro muscolo, la tua capacità di concentrarti può essere rafforzata con la pratica regolare. Dedica periodi di tempo ogni giorno per leggere, studiare o lavorare senza interruzioni.

2. Meditazione sulla Concentrazione:

Ci sono specifiche meditazioni, come la meditazione Shamatha, che sono direttamente orientate a migliorare la concentrazione. Queste pratiche possono aiutarti a sviluppare una maggiore resistenza alle distrazioni.

Conclusione:

In un mondo sempre più interconnesso, la capacità di limitare le distrazioni è diventata una preziosa abilità. Attraverso una combinazione di comprensione psicologica, strategie ambientali e pratica regolare, possiamo coltivare uno spazio e uno stato mentale che favoriscono la concentrazione profonda e il benessere.

10. Fissare dei Limiti

L'Importanza dei Limiti nel Nostro Mondo Moderno:

Viviamo in un'epoca di iperconnettività, in cui ci si aspetta che siamo sempre disponibili e reattivi. Sebbene ciò possa portare vantaggi in termini di comunicazione e accesso alle informazioni, ha anche il potenziale di sovraccaricare la nostra mente, aumentando il rischio di overthinking. Fissare dei limiti chiari è diventato fondamentale non solo per proteggere il nostro tempo e la nostra energia, ma anche per preservare la nostra salute mentale.

Dire "No" Quando Necessario:

1. La Potenza del "No":

Dire "no" non è solo un rifiuto di qualcosa; è anche un'affermazione della propria autonomia e delle proprie priorità. Permette di salvaguardare il proprio tempo, energia e benessere.

2. "No" Senza Senso di Colpa:

Molti di noi lottano con il senso di colpa quando dicono "no". È essenziale riconoscere che stabilire dei limiti è un diritto, non un privilegio. Non esiste obbligo di giustificarsi ogni volta.

3. Tecniche per Dire "No":

Pratica modi gentili ma fermi per rifiutare richieste o offerte. Ad esempio: "Grazie per avermelo proposto, ma non posso accettare in questo momento."

Imparare a Prendersi del Tempo per Sé:

1. La Rinascita del Sé:

Il tempo per sé non è un lusso, ma una necessità. Serve per ricaricarsi, riflettere e riconnettersi con le proprie esigenze e desideri.

2. Creare Rituali Personalizzati:

Che si tratti di leggere un libro, fare una passeggiata, meditare o ascoltare musica, trova ciò che ti aiuta a rilassarti e dedica del tempo ogni giorno a questa attività.

3. Pianificare "Appuntamenti" con Sé Stessi:

Allo stesso modo in cui pianifichiamo incontri e attività, dovremmo anche pianificare momenti solo per noi. Questo può essere un modo efficace per assicurarsi di avere il tempo necessario per ricaricarsi.

4. Delineare Spazi Personali:

Se possibile, crea un angolo o una stanza nella tua casa dedicato esclusivamente al relax e alla rigenerazione. Questo può diventare un rifugio dal caos esterno e un luogo per riconnettersi con se stessi.

5. Connettiti con la Natura:

Trascorrere del tempo all'aperto, sia che si tratti di una breve passeggiata nel parco o di una gita in montagna, può avere effetti profondamente rigeneranti sulla mente e sul corpo. La natura può aiutare a interrompere il ciclo dell'overthinking e a ristabilire un senso di equilibrio.

Il Contesto Sociale dei Limiti:

In molte culture, specialmente in ambienti lavorativi competitivi, esiste una sottile pressione sociale a dire sempre "sì". Questo può provenire dalla paura di perdere opportunità o dal desiderio di apparire come un giocatore di squadra. Ma quando si dà priorità alle esigenze degli altri rispetto alle proprie, si rischia di perdere di vista ciò che è veramente importante.

L'Arte di Dire "No" e le Sue Sfaccettature:

1. Dire "No" con Empatia:

La chiave per rifiutare gentilmente è fare appello all'empatia. Far comprendere alle persone che la tua decisione non è un rifiuto personale, ma una necessità per il tuo benessere.

2. "No" Come Atto di Autoamore:

Ogni volta che stabilisci un limite, stai praticando l'autoamore. Stai riconoscendo che il tuo tempo, la tua energia e il tuo benessere sono preziosi.

3. L'Importanza del Timing:

Se sai che dovrai rifiutare qualcosa, cerca di farlo con anticipo. Ciò dà agli altri il tempo di adattarsi o di trovare alternative.

Prendersi del Tempo per Sé e i Benefici Psicologici:

1. Rigenerazione Mentale:

Come una macchina che ha bisogno di essere spenta e riavviata, il nostro cervello ha bisogno di pause regolari. Questo permette di ridurre lo stress, stimolare la creatività e aumentare la produttività a lungo termine.

2. Riflessione e Clarity:

Quando ci prendiamo del tempo per noi stessi, possiamo riflettere sulle nostre esperienze, valutare le nostre decisioni e acquisire una maggiore chiarezza sulle direzioni future.

3. Connessione Emotiva:

Il tempo passato da soli può anche essere una preziosa opportunità per riconnettersi con le proprie emozioni, sviluppando una maggiore consapevolezza emotiva.

Strategie Pratiche per Fissare dei Limiti:

1. Pianificazione Proattiva:

Allo stesso modo in cui programmi le tue attività lavorative, prenota nel tuo calendario momenti "non negoziabili" dedicati solo a te. Potrebbe trattarsi di un'ora di lettura, un pomeriggio di passeggiate o un weekend lontano.

2. Comunicazione Chiara:

Quando discuti dei tuoi limiti con gli altri, sii chiaro e diretto. Questo aiuta a prevenire malintesi e stabilisce aspettative realistiche.

3. Esercitazioni Mentali:

Se ti senti in colpa o ansioso all'idea di fissare limiti, considera di praticare meditazioni o visualizzazioni che rafforzano il tuo senso di autonomia e sicurezza.

4. Supporto di una Comunità:

Circondati di persone che comprendono e rispettano il tuo bisogno di stabilire limiti. Questo può provenire da gruppi di supporto, amici, famiglia o terapeuti.

Gestione dell'Energia e Fissazione dei Limiti:

La gestione efficace del tempo è spesso elogiata, ma ciò che è altrettanto cruciale è la gestione dell'energia. Sebbene tu possa avere il tempo per compiere un'attività, se non hai l'energia necessaria, la tua efficienza e la tua produttività ne risentiranno.

1. Riconoscere i Cicli di Energia:

Presta attenzione ai momenti della giornata in cui ti senti più energico e quelli in cui tendi a sentirti più stanco. Questa consapevolezza ti permette di programmare le attività in modo strategico.

2. Priorità e Focalizzazione:

Considera le tue priorità e concentra la tua energia su ciò che è veramente importante. Imparare a riconoscere e, se necessario, rifiutare le attività secondarie o non essenziali.

Il Valore dell'Autenticità nel Fissare Limiti:

Molte persone evitano di fissare dei limiti per paura di apparire egoiste o di deludere gli altri. Tuttavia, essere autentici riguardo alle proprie esigenze e capacità può rafforzare le relazioni e portare a una maggiore reciprocità.

1. Autenticità e Aspettative:

Essere chiari riguardo ai propri limiti aiuta a stabilire aspettative realistiche, evitando frustrazioni e malintesi.

2. Fissare Limiti Come Atto di Trasparenza:

Comunicare i tuoi limiti mostra che sei una persona che valuta l'onestà e la chiarezza, caratteristiche spesso apprezzate sia in ambito personale che professionale.

L'Impatto dei Limiti sulla Salute Mentale:

La costante esposizione allo stress e alla pressione può portare a esaurimento, burnout e altre sfide relative alla salute mentale. Fissare dei limiti non è solo un modo per proteggere il proprio tempo, ma anche per proteggere la propria mente.

1. Prevenzione del Burnout:

L'incapacità di stabilire dei limiti può portare all'esaurimento, con sintomi che vanno dalla costante fatica alla perdita di interesse per le attività quotidiane.

2. Autostima e Limiti:

Ogni volta che affermi i tuoi limiti, rinforzi il messaggio che le tue esigenze e il tuo benessere sono importanti. Questo può migliorare l'autostima e la percezione del proprio valore.

Metodi Pratici per Fissare e Mantenere i Limiti:

1. Tecniche di Ascolto Attivo:

Quando qualcuno ti fa una richiesta, prima di rispondere, prenditi un momento per veramente comprendere ciò che ti viene chiesto. Questo ti dà il tempo di valutare se puoi o vuoi aderire alla richiesta.

2. Rinvio Strategico:

Se non sei sicuro della tua capacità o volontà di rispettare una richiesta, considera di chiedere un po' di tempo per pensarci. Ad esempio, "Posso farti sapere domani?".

3. Affinare la Propria Intuizione:

Sviluppa la capacità di sintonizzarti con te stesso e riconoscere quando qualcosa va oltre i tuoi limiti, anche se può sembrare una richiesta ragionevole in superficie.

Conclusione:

I limiti sono essenziali per mantenere un equilibrio nella vita e per garantire che le proprie esigenze e priorità siano rispettate. Attraverso l'autoreflessione, la consapevolezza e la comunicazione efficace, puoi imparare a fissare limiti che proteggono la tua energia, il tuo tempo e la tua salute mentale, conducenti a una vita più armoniosa e soddisfacente.

11. Esercizio Fisico e Movimento

Benefici dello Sport e dell'Attività Fisica:

L'esercizio fisico non è solo benefico per il corpo, ma offre anche una serie di vantaggi per la mente. Ecco alcune delle ragioni chiave per cui lo sport e l'attività fisica sono essenziali:

1. Rilascio di Endorfine:

L'esercizio fisico stimola la produzione di endorfine, noti come "ormoni della felicità". Queste sostanze chimiche agiscono come analgesici naturali e possono migliorare l'umore.

2. Riduzione dello Stress:

L'attività fisica può aiutare a ridurre i livelli di cortisolo, l'ormone dello stress, nel corpo, promuovendo una sensazione di calma e benessere.

3. Miglioramento del Sonno:

Fare regolarmente esercizio può contribuire a una migliore qualità del sonno, aiutandoti a sentirti più riposato e rigenerato.

4. Potenziamento della Memoria e delle Capacità Cognitive:

L'esercizio fisico regolare può migliorare la funzione cerebrale e proteggere contro il declino cognitivo legato all'età.

5. Incremento dell'Autostima:

Migliorare la forma fisica e raggiungere obiettivi personali nell'attività fisica può contribuire a un miglior senso di autostima e realizzazione personale.

Esercizi Specifici per la Mente:

Non tutti gli esercizi sono puramente fisici. Alcuni sono specificamente progettati per potenziare la mente o offrire benefici psicologici:

1. Yoga:

Oltre a migliorare la flessibilità e la forza, lo yoga enfatizza la consapevolezza del momento presente e la connessione tra mente e corpo. Le posizioni e la respirazione aiutano a calmare la mente e a ridurre lo stress.

2. Tai Chi:

Questa antica arte marziale cinese, spesso descritta come "meditazione in movimento", aiuta a migliorare l'equilibrio, la coordinazione e la consapevolezza del corpo. È anche noto per ridurre lo stress e migliorare la concentrazione.

3. Danza:

La danza non solo offre un allenamento cardiovascolare, ma anche la possibilità di esprimersi e di liberare le emozioni. La musica e il ritmo possono avere un effetto calmante sulla mente.

4. Camminate nella Natura:

Passeggiare all'aperto, specialmente in ambienti naturali come foreste o parchi, può avere effetti benefici sul benessere mentale. La connessione con la natura aiuta a ridurre lo stress e a migliorare l'umore.

5. Stretching e Pilates:

Queste pratiche migliorano la flessibilità e la postura, ma anche aiutano a rilassare la mente. La concentrazione sul respiro e sul movimento consapevole promuove un senso di pace interiore.

Gli Effetti Neurologici dell'Esercizio:

Il cervello beneficia enormemente dell'attività fisica. L'esercizio non solo produce cambiamenti a livello cellulare ma stimola anche il rilascio di neurotrasmettitori e ormoni che possono avere un profondo impatto sul nostro stato mentale.

1. Neuroplasticità:

L'esercizio fisico promuove la neuroplasticità, che è la capacità del cervello di riformare e creare nuove connessioni neurali. Questo può aiutare nella capacità cognitiva e nella memoria.

2. Neurogenesi:

Studi hanno mostrato che l'esercizio, in particolare l'allenamento cardiovascolare, può stimolare la neurogenesi, ovvero la creazione di nuove cellule nervose, particolarmente nell'ippocampo, una regione chiave per la memoria e l'apprendimento.

La Connessione Mente-Corpo:

1. Feedback Corpo-Mente:

Quando il tuo corpo si sente bene e attivo, invia segnali positivi al cervello. Allo stesso modo, una mente sana promuove un corpo sano. Questo ciclo di feedback può essere potenziato attraverso l'esercizio regolare.

2. Grounding o "Messa a Terra":

Alcuni esercizi, come la camminata a piedi nudi sull'erba o sulla sabbia, possono fornire un'esperienza di "grounding", collegando la persona al presente e alla terra. Ciò può avere effetti calmanti e riequilibranti.

Ruolo dell'Esercizio nella Prevenzione delle Malattie Mentali:

1. Prevenzione della Depressione:

Oltre al rilascio di endorfine, l'esercizio regolare può ridurre il rischio di sviluppare depressione grazie all'effetto sull'equilibrio dei neurotrasmettitori e alla promozione della neurogenesi.

2. Gestione dell'Ansia:

L'attività fisica può ridurre i sintomi d'ansia, fornendo un'uscita per le tensioni accumulate e migliorando la regolazione del sistema nervoso.

Esercizio Come Meditazione in Movimento:

1. Flusso e Concentrazione:

Attività come la corsa, il ciclismo o il nuoto possono portare a uno stato di "flusso", dove l'individuo è completamente immerso nell'attività, spesso perdendo la nozione del tempo. Questa concentrazione profonda è simile a stati meditativi.

2. Discipline Marziali:

Oltre al Tai Chi, molte altre discipline marziali, come il Karate, il Judo o l'Aikido, enfatizzano la connessione tra mente, corpo e spirito. La pratica regolare può aiutare a sviluppare concentrazione, disciplina e consapevolezza.

L'Importanza della Consistenza:

1. Routine Giornaliera:

Anche piccoli movimenti, se effettuati regolarmente, possono fare la differenza. Non è necessario fare allenamenti intensi ogni giorno; anche una breve camminata o alcuni esercizi di stretching possono essere benefici.

2. Trovare Attività Piacerevoli:

La chiave per mantenere una routine di esercizio a lungo termine è trovare attività che si amano, che siano ballare, camminare nel parco, nuotare o qualsiasi altra cosa che ti faccia sentire bene.

Conclusione:

Mentre molti intraprendono percorsi di esercizio fisico per migliorare l'aspetto esteriore, i benefici interiori, in particolare per la mente e il benessere psicologico, sono immensi e talvolta trascurati. Integrare l'esercizio come parte fondamentale della cura di sé può avere effetti profondi e duraturi sulla qualità della vita.

12. Scrivere per Liberare la Mente

Journaling e Riflessione:

1. Il Potere del Journaling:

Scrivere in un diario può essere un potente strumento per l'auto-riflessione. Esso permette di esprimere pensieri e sentimenti, dando loro una forma concreta e, a volte, aiutando a dare un senso a ciò che si prova.

2. Rituali Quotidiani:

Stabilire un rituale quotidiano di scrittura può essere un modo efficace per liberare la mente dalle preoccupazioni o dalle tensioni accumulate durante la giornata.

3. Analizzare e Comprendere:

Oltre a essere un'uscita, il journaling può servire come uno strumento per analizzare situazioni, comportamenti o sentimenti. Con il passare del tempo, può anche aiutare a riconoscere schemi o tendenze nel proprio comportamento o modo di pensare.

4. Memoria e Crescita:

Tenere un diario può essere un modo per documentare la propria vita, i propri progressi e le proprie sfide. Leggere voci precedenti può offrire preziose intuizioni sulla propria crescita e evoluzione come individuo.

Tecniche di Scrittura Terapeutica:

1. Scrittura Libera:

Questa tecnica prevede di scrivere liberamente per un periodo di tempo prestabilito (ad esempio, 10 o 20 minuti) senza preoccuparsi della grammatica, della punteggiatura o della coerenza. L'obiettivo è liberare la mente e permettere ai pensieri di fluire liberamente.

2. Lettere mai inviate:

Scrivere una lettera a qualcuno (vivo o deceduto) con cui si ha bisogno di risolvere questioni irrisolte o esprimere sentimenti non detti può essere terapeutico. La chiave è che questa lettera non sarà mai inviata, dando così la libertà di esprimere veramente ciò che si sente.

3. Lista di Gratitudine:

Concentrarsi su ciò per cui si è grati può cambiare la prospettiva di una persona e migliorare il suo umore. Scrivere regolarmente una lista di cose, persone o esperienze per cui si è grati può avere un effetto positivo sull'umore e sulla percezione della vita.

4. Narrativa Personale:

Scrivere una storia o un racconto basato sulla propria vita, o creare una narrativa che incorpori i propri sentimenti e pensieri, può essere un modo efficace per esplorare e comprendere meglio se stessi.

5. Prompt di Scrittura:

A volte, iniziare può essere la parte più difficile. Utilizzare prompt di scrittura, o domande guida, può aiutare a iniziare il processo di riflessione e scrittura.

L'Arte del Journaling:

1. Introspezione Profonda:

Tenere un diario può servire come uno specchio per l'anima, riflettendo sentimenti, aspirazioni e paure. Questo tipo di introspezione può aiutare a comprendere meglio sé stessi e ad affrontare questioni interne irrisolte.

2. Stabilire Obiettivi:

Scrivere i propri obiettivi, sia a breve che a lungo termine, può fornire chiarezza e motivazione. Rivedere questi obiettivi nel tempo può aiutare a monitorare i progressi e adattarsi ai cambiamenti.

3. Un Viaggio nel Tempo:

Oltre a documentare il presente, un diario può diventare un archivio prezioso dei propri pensieri e sentimenti passati, offrendo una prospettiva unica sui cambiamenti e le costanti nella propria vita.

Scrittura come Rifugio:

1. Uno Spazio Sicuro:

Un diario può diventare un rifugio privato, un luogo dove ci si può esprimere senza giudizio, senza la paura di essere fraintesi o criticati.

2. Catarsi attraverso le Parole:

A volte, il semplice atto di mettere le parole su carta può portare a un senso di liberazione, permettendo di rilasciare tensioni accumulate o sentimenti repressi.

Metodi Innovativi di Scrittura Terapeutica:

1. Poesia e Haiku:

Creare poesie o haiku può essere un modo alternativo e artistico di esprimere sentimenti e pensieri. Queste forme brevi e concettuali possono catturare l'essenza di un momento o di un sentimento in poche parole.

2. Dialogo con Sé:

Scrivere un dialogo tra il "sé attuale" e il "sé futuro" o il "sé passato" può offrire prospettive interessanti e aiutare nella presa di decisioni o nella risoluzione di conflitti interni.

3. Visual Journaling:

Integrare la scrittura con elementi visivi, come disegni, collage o fotografie, può arricchire l'esperienza del journaling, rendendolo più stimolante e coinvolgente.

4. Mappe Mentali:

Questo tipo di scrittura, che utilizza schemi e diagrammi, può aiutare a visualizzare idee, concetti o sentimenti, mettendo in relazione vari elementi tra loro.

Benefici a Lungo Termine della Scrittura:

1. Resilienza Emotiva:

L'abitudine di scrivere regolarmente può aumentare la resilienza emotiva, aiutando ad affrontare sfide future con maggiore equilibrio e perspicacia.

2. Aumento dell'Autoconsapevolezza:

Rileggere vecchie voci può rivelare schemi di comportamento o reazioni ricorrenti, permettendo una maggiore consapevolezza e crescita personale.

3. Connessione con gli Altri:

Condividere parti del proprio diario o delle proprie scritture con persone fidate può creare un livello di connessione e comprensione più profondo.

Conclusione :

L'atto di scrivere è un viaggio, non solo attraverso le parole, ma anche attraverso l'anima. Attraverso vari stili e tecniche, la scrittura offre una via d'accesso al nostro mondo interiore, permettendoci di esplorare, comprendere e infine, liberare la mente. In un mondo in cui siamo spesso sopraffatti da stimoli esterni, la scrittura può diventare una bussola, guidandoci verso una maggiore chiarezza e pace interiore.

13. Parlare con Qualcuno

Trovare un Confidente:

1. L'Importanza di Condividere:

Condividere i propri pensieri e sentimenti può fornire sollievo, offrendo una valvola di sfogo e una prospettiva esterna. Il semplice atto di verbalizzare ciò che ci preoccupa può ridurre l'intensità delle emozioni.

2. Chi è un Confidente:

Un confidente può essere un amico, un familiare o chiunque in cui si ha fiducia. L'elemento chiave è la capacità del confidente di ascoltare senza giudizio e offrire supporto.

3. Creare un Legame di Fiducia:

Una relazione solida con un confidente si basa sulla fiducia e sulla comprensione reciproca. È essenziale che entrambe le parti si sentano al sicuro e rispettate.

4. Benefici di Avere un Confidente:

Avere qualcuno con cui condividere può portare a una maggiore chiarezza mentale, ridurre lo stress e migliorare l'umore. Inoltre, può fornire una nuova prospettiva o soluzioni a problemi che sembravano insormontabili.

Benefici della Terapia:

1. Un Ambiente Professionale e Neutrale:

La terapia fornisce un ambiente sicuro e neutro in cui esprimere liberamente sentimenti e preoccupazioni, sapendo che ciò che viene condiviso rimarrà confidenziale.

2. Strumenti e Tecniche:

A differenza di un confidente, un terapeuta è formato per offrire strumenti e tecniche specifiche per affrontare problemi specifici, dalla gestione dello stress alla risoluzione dei traumi.

3. Una Prospettiva Obiettiva:

I terapeuti offrono una prospettiva esterna e obiettiva, aiutando i pazienti a vedere le cose da un punto di vista diverso e ad identificare schemi o comportamenti non salutari.

4. Supporto a Lungo Termine:

Mentre un confidente può offrire supporto occasionale, la terapia può fornire un sostegno a lungo termine, aiutando a navigare attraverso sfide continue o problemi profondamente radicati.

5. Personalizzazione dell'Approccio:

Ogni individuo è unico, e ciò che funziona per uno potrebbe non funzionare per un altro. Un terapeuta può adattare l'approccio terapeutico alle esigenze specifiche del paziente.

Il Potere del Dialogo Interpersonale:

1. Riflessione Speculare:

Quando parliamo con qualcuno, spesso riceviamo indietro ciò che abbiamo espresso, come in uno specchio. Questo "effetto specchio" può aiutare a riconoscere e affrontare sentimenti o pensieri che altrimenti potrebbero non essere chiari.

2. Validazione Emotiva:

Sentirsi compresi e validati può avere effetti terapeutici. Riconoscere che le proprie emozioni sono valide può aiutare a ridurre sentimenti di isolamento e solitudine.

3. I Benefici dell'Ascolto Attivo:

Avere qualcuno che ascolta attivamente - cioè, che è completamente presente e attento - può aiutare a chiarire pensieri confusi e a sentire che ciò che si dice ha valore.

Gruppi di Sostegno e Comunità:

1. Solidarietà e Comprensione:

Unirsi a gruppi di sostegno o comunità può fornire una sensazione di appartenenza. Sapere che altri stanno attraversando sfide simili può offrire conforto e prospettiva.

2. Apprendimento Attraverso gli Altri:

Ascoltare le esperienze altrui può fornire nuove idee o approcci per affrontare problemi personali. Le storie degli altri possono ispirare e offrire speranza.

3. Dare e Ricevere:

In tali gruppi, non solo si riceve sostegno, ma c'è anche l'opportunità di offrire sostegno agli altri, creando un ciclo di empatia e comprensione.

Considerazioni sulla Terapia di Gruppo:

1. Dinamiche di Gruppo:

La terapia di gruppo offre un ambiente in cui individui con sfide simili possono condividere e apprendere insieme. Le interazioni di gruppo possono fornire spunti preziosi sulla propria situazione.

2. Feedback Multiplo:

A differenza della terapia individuale, in cui si riceve feedback solo dal terapeuta, la terapia di gruppo offre la possibilità di ricevere feedback da molteplici prospettive.

3. Costi Ridotti:

La terapia di gruppo può spesso essere più accessibile economicamente rispetto alla terapia individuale.

Tecnologie e Parlare:

1. Terapia Online:

Con l'avvento delle tecnologie digitali, ora è possibile accedere alla terapia da remoto, permettendo a chiunque abbia una connessione internet di trovare supporto.

2. App di Benessere Mentale:

Numerose applicazioni sono state sviluppate per offrire strumenti di mindfulness, diari emotivi, e persino chatbot terapeutici.

Conclusione :

La comunicazione, nella sua essenza, è uno degli strumenti più potenti per l'elaborazione emotiva. Offre una via per navigare attraverso i meandri della mente e trovare chiarezza tra il caos. Attraverso varie modalità - sia personali che in gruppo, sia offline che online - la capacità di parlare e di essere ascoltati rappresenta una componente fondamentale nel viaggio verso la comprensione di sé e il benessere mentale. In un mondo sempre più interconnesso, le opportunità per connettersi e trovare supporto sono abbondanti, offrendo speranza e soluzione a chiunque si trovi ad affrontare le sfide dell'overthinking

14. Gestione del Tempo e Organizzazione

Tecniche di Pianificazione:

1. Metodo delle "Tre P":

Pianificare: Inizia la giornata con un elenco chiaro di compiti da svolgere. Evita di sovraccaricare la lista; mantienila realistica.

Prioritizzare: Identifica le attività più importanti o urgenti e affrontale per prime.

Pace (Ritmo): Distribuisci le attività lungo la giornata in modo da non sentirsi sopraffatti.

2. Metodo Pomodoro:

Questa tecnica prevede di lavorare intensamente per 25 minuti e poi prendersi una pausa di 5 minuti. Questo aiuta a mantenere alta la concentrazione e a ridurre la fatica.

3. Calendari e Pianificatori:

Utilizza calendari o pianificatori, sia fisici che digitali, per tenere traccia degli impegni e delle scadenze.

4. Pianificazione a Lungo Termine:

In aggiunta alla pianificazione quotidiana, considera la pianificazione settimanale, mensile o annuale per avere una visione d'insieme degli impegni e degli obiettivi.

Evitare la Procrastinazione:

1. Comprensione delle Cause:

Identifica cosa sta causando la procrastinazione. Potrebbe essere paura, perfezionismo, mancanza di motivazione, o altre ragioni personali.

2. Tecnica dei "Cinque Minuti":

Invece di pensare a un'intera attività, promettiti di lavorarci solo per cinque minuti. Una volta iniziato, potresti scoprire che desideri continuare oltre quel breve periodo.

3. Spezzare i Compiti:

Suddividi le attività più grandi in compiti più piccoli e gestibili. Questo rende l'inizio molto meno scoraggiante.

4. Creare un Ambiente Favorevole:

Assicurati che il tuo spazio di lavoro sia libero da distrazioni. Ciò potrebbe includere la pulizia della scrivania, la disattivazione delle notifiche o la scelta di un luogo tranquillo per lavorare.

5. Ricompensarsi:

Stabilisci delle piccole ricompense per te stesso una volta completato un compito o raggiunto un traguardo. Questo può fungere da motivazione aggiuntiva.

Tecniche di Pianificazione Avanzate:

1. Mappe Mentali:

Questi schemi visivi possono aiutare a visualizzare compiti, idee e obiettivi, rendendo più semplice l'organizzazione e la pianificazione. Attraverso il disegno di rami che si estendono da un'idea centrale, si può avere una panoramica delle attività e dei sottocompiti.

2. Metodo dei Batch (Lotti):

Raggruppa compiti simili e svolgili tutti insieme. Ad esempio, se hai diverse email da inviare, potresti decidere di farlo tutto in un unico blocco di tempo.

3. Recensione Settimanale:

Dedica del tempo alla fine di ogni settimana per riflettere su ciò che hai fatto, ciò che non sei riuscito a fare, e per pianificare la settimana successiva. Ciò può prevenire la sensazione di essere sommersi da compiti accumulati.

Strategie Approfondite per Combattere la Procrastinazione:

1. Compromesso con se stessi:

Se un compito sembra troppo grande o scoraggiante, negozia un compromesso con te stesso. Ad esempio, se non ti senti di dedicare un'ora a uno studio intenso, impegna te stesso a 20 minuti.

2. Visualizzazione:

Immagina la sensazione di aver completato il compito. Questa prospettiva può fornire una spinta motivazionale per iniziare.

3. Metodo "Eat the Frog" (Mangia la Rana):

Si basa sull'idea che se si inizia la giornata completando il compito più difficile (la "rana"), tutto il resto sembrerà più facile in confronto.

4. Analisi dei Costi e Benefici:

Quando ti senti tentato di procrastinare, elenca i costi di tale scelta e i benefici dell'azione. Ciò può aiutarti a vedere le cose in prospettiva e a dare priorità alle attività.

Utilizzare la Tecnologia a tuo Favore:

1. App per la Gestione del Tempo:

Esistono numerose applicazioni progettate per aiutare nella pianificazione, come Trello, Asana o Todoist. Queste app possono aiutare a organizzare i compiti, impostare promemoria e monitorare i progressi.

2. Timer e Cronometri:

Utilizzare timer o cronometri per stabilire limiti di tempo ai compiti può aiutare a mantenere il focus e prevenire la perdita di tempo.

3. Bloccatori di Distrazioni:

Se ti ritrovi distratto da siti web o applicazioni, considera l'utilizzo di software come "Freedom" o

"Cold Turkey", che limitano l'accesso a queste tentazioni durante periodi di lavoro.

Conclusione :

L'arte della gestione del tempo e dell'organizzazione non è solo una questione di strumenti o metodi, ma anche di mentalità. Richiede autoconsapevolezza, riflessione e, talvolta, una certa dose di auto-disciplina. Mentre le tecniche possono aiutare a dare struttura e direzione, l'elemento più importante è l'intenzione: il desiderio genuino di vivere in modo più intenzionale e produttivo, evitando le trappole dell'overthinking e della procrastinazione. Con il giusto equilibrio di strategie e la volontà di applicarle, è possibile non solo gestire il proprio tempo con maggiore efficacia, ma anche vivere con maggiore presenza e scopo.

15. Imparare ad Accettare l'Incertezza

Rilasciare il Bisogno di Controllo:

1. Riconoscere l'illusione del Controllo Totale:

Nessuno ha un controllo assoluto su ogni aspetto della propria vita. Riconoscere che molti eventi e circostanze sono fuori dal nostro controllo può essere liberatorio.

2. Riflessione sul Passato:

Ricorda momenti in passato quando ti sei preoccupato eccessivamente per qualcosa e, alla fine, tutto è andato bene o hai imparato da quell'esperienza. Questa riflessione può aiutarti a rilassarti nel presente.

3. Pratica la Resilienza:

Invece di cercare di controllare ogni situazione, sviluppa la tua capacità di adattarti e rispondere in modo efficace alle sfide. La resilienza ti permette di affrontare l'incertezza con una mentalità aperta e flessibile.

4. Definisci ciò che Puoi Controllare:

Concentrati sulle tue azioni, reazioni e atteggiamenti. Queste sono aree della tua vita su cui hai un reale controllo. Dirigere la tua energia verso questi aspetti può essere molto più produttivo.

Vivere nel Presente:

1. Mindfulness e Meditazione:

La pratica della mindfulness ti incoraggia a concentrarti sul momento presente. Attraverso la meditazione, puoi imparare a osservare i tuoi pensieri senza giudizio, permettendoti di distaccarti dalle preoccupazioni future.

2. Attività Immersive:

Trova attività che catturano completamente la tua attenzione, come l'arte, la lettura o il giardinaggio. Queste attività possono funzionare come una forma di meditazione, ancorandoti al presente.

3. Esercizi di Grounding:

Quando ti senti sopraffatto, prova tecniche di "grounding" (ancoraggio). Un esercizio comune è quello di identificare cinque cose che puoi vedere, quattro che puoi toccare, tre che puoi sentire, due che puoi odorare e uno che puoi assaporare. Questo ti aiuta a centrarti nel momento presente.

4. Riconosci le Bellezze del Momento:

Prenditi un momento ogni giorno per riconoscere e apprezzare le piccole gioie e bellezze della tua vita quotidiana. Può trattarsi di un sorriso condiviso, di un paesaggio naturale o di un momento di tranquillità.

15. Imparare ad Accettare l'Incertezza

Abbracciare la Vulnerabilità:

1. L'Umanità nella Vulnerabilità:

Riconoscere e accettare la propria vulnerabilità può essere la chiave per costruire relazioni più profonde e autentiche. Ammettere che non abbiamo tutte le risposte può avvicinare gli altri a noi, poiché mostra la nostra autentica umanità.

2. Crescita dalla Vulnerabilità:

Spesso, le lezioni di vita più profonde emergono dai momenti in cui ci sentiamo più vulnerabili e incerti. Questi periodi possono catalizzare una crescita personale significativa.

3. La Forza nell'Accettare:

Mentre la società potrebbe spesso associare la vulnerabilità alla debolezza, accettare la propria vulnerabilità può in realtà essere un segno di incredibile forza. Dimostra la capacità di confrontarsi con le proprie paure e di progredire nonostante esse.

Celebra le Piccole Vittorie:

1. Passi Piccoli:

Di fronte all'incertezza, concentrarsi su piccoli passi o obiettivi realizzabili può rendere una situazione schiacciante più gestibile. Ogni piccola vittoria può rafforzare la fiducia in se stessi.

2. Registro delle Realizzazioni:

Mantenere un registro delle realizzazioni, anche quelle minori, può fornire una fonte di motivazione e un promemoria dei progressi compiuti, specialmente durante i periodi di dubbio.

Rivedere le Proprie Aspettative:

1. Adattabilità:

Spesso, l'angoscia nasce quando la realtà non corrisponde alle nostre aspettative. Rivedere e adattare le proprie aspettative alla realtà può aiutare a ridurre la tensione e la frustrazione.

2. Aspettative Realistiche:

Imposta aspettative che tengano conto della realtà e dei fattori imprevedibili. Ciò non significa abbassare gli standard, ma piuttosto essere realistici e flessibili nel modo in cui si affrontano gli obiettivi.

Stabilire un'Anchra di Serenità:

1. Trova la tua 'Constant':

Anche in mezzo al caos, avere una "costante" nella tua vita - che si tratti di una routine, di una persona cara o di una pratica personale - può fornire conforto e stabilità.

2. Momenti di Silenzio:

Dedica tempo ogni giorno, anche solo pochi minuti, per stare in silenzio e centrarti. Questo può fungere da pausa rinvigorente e da opportunità per riconnettersi con se stessi.

Conclusione:

Vivere in un mondo imprevedibile richiede un nuovo set di competenze e mindset. Non si tratta di prepararsi per ogni eventualità, ma piuttosto di sviluppare la capacità di navigare con grazia attraverso le acque incerte della vita. Attraverso l'accettazione, la vulnerabilità, e l'embracement dell'incertezza, possiamo trovare non solo pace, ma anche una profondità di esperienza e connessione che potrebbe non essere stata possibile altrimenti.

16. Arte e Creatività come Sfogo

L'Espressione come Liberazione:

1. L'Arte come Riflesso dell'Anima:

L'arte e la creatività rappresentano non solo un mezzo per esprimere pensieri ed emozioni, ma anche per esplorare l'essenza stessa del nostro essere. Attraverso l'arte, possiamo navigare nelle profondità della nostra psiche, affrontare paure o traumi e trovare soluzioni ai dilemmi interni.

2. Canalizzazione delle Emozioni:

Quando si è sopraffatti dall'overthinking, l'arte può servire come canale per rilasciare tali energie, trasformando pensieri frenetici in opere tangibili.

Benefici Psicologici e Fisici:

1. Riduzione dello Stress:

La creazione artistica può indurre uno stato simile alla meditazione, riducendo i livelli di cortisolo (l'ormone dello stress) e promuovendo il rilassamento.

2. Rafforzamento dell'Autostima:

Completare un'opera d'arte fornisce un senso di realizzazione, rafforzando la fiducia in se stessi e le proprie capacità.

3. Stimolazione del Cervello:

L'arte e la creatività stimolano il cervello in modi unici, promuovendo la neuroplasticità e potenziando funzioni come la memoria, la concentrazione e le capacità risolutive.

Trovare la Propria Voce Artistica:

1. Esplorare Diverse Forme d'Arte:

Che si tratti di pittura, scultura, scrittura, danza, musica o fotografia, è essenziale esplorare diverse forme d'arte per scoprire quale risuona di più con il proprio io interiore.

2. Creare Senza Giudizio:

L'arte non dovrebbe essere un'attività limitata da aspettative o giudizi esterni. È una forma pura di espressione personale, e ogni individuo dovrebbe sentirsi libero di creare senza il timore di essere giudicato.

3. Corsi e Workshop:

Iscriversi a corsi o workshop locali può essere un modo eccellente per imparare nuove tecniche, trovare ispirazione e connettersi con altri appassionati d'arte.

La Terapia Attraverso l'Arte:

1. Psicologia dell'Arte:

Alcuni terapeuti utilizzano l'arte come mezzo per aiutare i pazienti a esplorare e esprimere emozioni che potrebbero essere difficili da verbalizzare. Questa forma di terapia può fornire una prospettiva unica sui problemi di un individuo e aiutarlo a trovare modi per affrontarli.

2. Colori e Emozioni:

I colori possono influenzare profondamente le nostre emozioni. La pratica di scegliere intenzionalmente colori specifici durante la creazione artistica può servire sia come autoesplorazione sia come mezzo per influenzare il proprio stato d'animo.

Connessioni Sensoriali nell'Arte:

1. Tattilità nella Scultura:

Modellare l'argilla o scolpire può essere incredibilmente terapeutico. La connessione fisica con il materiale permette una forma di espressione che può essere profondamente liberatoria.

2. Musica e Ritmo:

Creare o ascoltare musica può influenzare il nostro benessere mentale. Il ritmo, in particolare, può avere un impatto diretto sul nostro stato d'animo, offrendo una forma di meditazione in movimento.

Rituali Creativi e Routine:

1. L'Importanza della Routine:

Stabilire una routine creativa può aiutare a fornire un senso di struttura e scopo. Questo rituale può diventare un momento sacro nella giornata, un'occasione per staccare e connettersi con se stessi.

2. Spazi Creativi Personali:

Avere un angolo o una stanza dedicata all'arte e alla creatività può favorire l'ispirazione. Questo spazio può diventare un santuario, un luogo in cui rifugiarsi e sentirsi liberi di esprimersi.

Arte nella Vita Quotidiana:

1. Integrazione dell'Arte:

Non è necessario essere un "artista" per integrare l'arte nella vita di tutti i giorni. Anche semplici attività come doodling durante una chiamata o cucinare con creatività possono essere modi per esprimersi.

2. Arti Digitali e Nuovi Media:

Con l'ascesa della tecnologia, le opportunità per la creazione artistica si sono espansive. La grafica, la fotografia digitale e la realtà virtuale offrono nuove piattaforme per esplorare e condividere la creatività.

Conclusione:

L'arte è molto più di un passatempo o di una professione; è un linguaggio universale, un veicolo per l'esplorazione dell'essere umano e un mezzo per connettersi con gli aspetti più profondi di se stessi. Attraverso la pratica regolare e l'immergersi nella creatività, possiamo non solo trovare sollievo dalle pressioni della vita quotidiana ma anche scoprire nuovi orizzonti di auto-comprensione e crescita personale. In un mondo in cui l'overthinking è sempre più comune, l'arte emerge come un faro di speranza, offrendo un percorso verso la serenità e l'equilibrio interiore.

17. Limitare l'assunzione di stimolanti

La Chimica degli Stimolanti e il Sistema Nervoso:

1. Caffè e Caffeina:

La caffeina è un potente stimolante del sistema nervoso centrale. Aumenta temporaneamente l'energia e la vigilanza. Tuttavia, l'assunzione eccessiva può provocare nervosismo, insonnia, tachicardia e, in alcuni individui, ansia o attacchi di panico.

2. Alcol:

Mentre molte persone bevono alcol come un modo per rilassarsi, in realtà, può avere l'effetto opposto. Se consumato in eccesso, l'alcol può alterare i livelli di serotonina e di altri neurotrasmettitori nel cervello, aggravando l'ansia e riducendo la capacità del corpo di gestire lo stress.

3. Zuccheri:

Gli zuccheri raffinati, come quelli presenti in bevande zuccherate, dolci e molti cibi trasformati, possono causare picchi e cali rapidi nei livelli di glucosio nel sangue. Queste fluttuazioni possono portare a sintomi come nervosismo, irritabilità e affaticamento mentale.

Effetti Cumulativi degli Stimolanti:

1. Dipendenza e Tolleranza:

Con il consumo regolare di stimolanti come la caffeina, il corpo può sviluppare una tolleranza, portando le persone a consumare quantità sempre maggiori per ottenere gli stessi effetti. Questa dipendenza può peggiorare i sintomi di ansia e overthinking.

2. Interazione tra Stimolanti:

Quando si consumano più stimolanti insieme, come caffè e zucchero, gli effetti possono sommarsi e amplificarsi. Ciò può portare a una maggiore sensazione di agitazione e nervosismo.

Scelte Salutari e Alternative:

1. Tè e Erbe:

Molti tè, come il tè verde, contengono minori quantità di caffeina rispetto al caffè. Inoltre, ci sono tisane come la camomilla e il tè di passiflora che sono note per le loro proprietà rilassanti.

2. Ridurre Gradualmente:

Invece di eliminare bruscamente gli stimolanti, considera la possibilità di ridurli gradualmente. Questo può aiutare a prevenire sintomi di astinenza come mal di testa o irritabilità.

3. Scegliere Dolcificanti Naturali:

Invece di zuccheri raffinati, considera alternative più naturali come il miele, lo sciroppo d'acero o il dolcificante stevia.

17. Limitare l'assunzione di stimolanti

Comprensione della Biochimica degli Stimolanti:

1. Adenosina e Caffeina:

La caffeina funziona principalmente bloccando i recettori dell'adenosina nel cervello. L'adenosina è un neurotrasmettitore che promuove il sonno e il rilassamento. Quando bloccato dalla caffeina, si sperimenta una sensazione di allerta, ma ciò può anche contribuire a stati di ansia.

2. Alcol e GABA:

L'alcol agisce aumentando l'effetto del GABA (acido gamma-aminobutirrico), un neurotrasmettitore inibitorio. Mentre a breve termine ciò può produrre una sensazione di rilassamento, a lungo termine può alterare la produzione e la funzione del GABA, portando a una maggiore ansia quando l'alcol si esaurisce nel sistema.

3. Zuccheri e Insulina:

L'assunzione eccessiva di zuccheri può causare picchi rapidi di insulina. Questi picchi e successivi cali possono influenzare l'umore e la capacità di concentrazione, predisponendo il cervello a cicli di overthinking.

Implicazioni Psicologiche degli Stimolanti:

1. Alterazione della Percezione:

Gli stimolanti, in particolare l'alcol, possono distortare la percezione della realtà, rendendo difficile distinguere tra pensieri realistici e quelli irrazionali, alimentando il ciclo dell'overthinking.

2. Rinforzo Negativo:

Se una persona si affida agli stimolanti per gestire lo stress o l'ansia, può svilupparsi un ciclo di rinforzo negativo. L'individuo potrebbe iniziare a credere che ha bisogno dello stimolante per sentirsi meglio, pur non affrontando la causa sottostante del proprio malessere.

Alternanze e Sostituzioni:

1. Acqua Aromatizzata:

Se ti trovi a bere bevande zuccherate o caffeinate per il gusto, prova a sostituire con acqua aromatizzata naturalmente con frutta fresca o erbe.

2. Tè alle Erbe:

Ci sono numerose opzioni di tè senza caffeina che possono offrire sapore senza l'effetto stimolante. Tè come rooibos, camomilla o tisane a base di menta possono essere una buona alternativa.

3. Cibi Integrali:

Riduci gli zuccheri raffinati scegliendo cibi integrali. Mangiare cibi come frutta, verdura, cereali integrali e proteine magre può aiutare a stabilizzare i livelli di zucchero nel sangue e fornire energia sostenuta.

Gli stimolanti possono avere un profondo impatto sul nostro stato mentale. Conoscere come funzionano nel corpo e quali effetti possono avere sulla nostra mente può aiutarci a fare scelte più informate. Limitare o regolare la nostra assunzione, insieme all'adozione di alternative più salutari, può contribuire a una maggiore chiarezza mentale e a una riduzione dell'overthinking.

18. Il potere del sonno

L'Importanza Fondamentale del Sonno:

Il sonno rappresenta un pilastro fondamentale del benessere fisico e mentale. Durante il sonno, il corpo si rigenera, le cellule si riparano e il cervello elabora le informazioni del giorno, consolidando i ricordi. Un sonno inadeguato può compromettere queste funzioni essenziali e lasciare individui stanchi, irritabili e, cosa cruciale per il nostro argomento, inclini all'overthinking.

Come l'Overthinking Influisce sul Sonno:

1. Cicli di Pensiero e Insonnia:

Quando la mente è sommersa da pensieri incessanti, può diventare estremamente difficile addormentarsi. Pensare troppo può portare a insonnia o interruzioni del sonno.

2. Alterazione delle Fasi REM:

Il pensiero eccessivo può anche influenzare le fasi REM (Rapid Eye Movement) del sonno, che sono essenziali per la salute mentale e la memoria.

3. Stress e Cortisolo:

L'ansia e lo stress derivanti dall'overthinking possono causare un aumento della produzione di cortisolo, un ormone dello stress, che può ritardare o interrompere il ciclo del sonno naturale.

Creare una Routine di Sonno:

1. Ambiente Tranquillo:

Assicurati che la tua stanza da letto sia silenziosa, buia e fresca. Investi in tende oscuranti, utilizza tappi per le orecchie o una macchina del rumore bianco se necessario.

2. Stabilire un Orario Regolare:

Cerca di andare a letto e alzarti alla stessa ora ogni giorno, anche nei weekend. Questo stabilizza il tuo orologio biologico interno.

3. Rituale Pre-Sonno:

Stabilisci un rituale rilassante prima di coricarti, come leggere un libro, ascoltare musica tranquilla, prendere un bagno caldo o praticare esercizi di respirazione.

4. Disconnessione Digitale:

Evita schermi luminosi (smartphone, computer, TV) almeno un'ora prima di dormire. La luce blu emessa dagli schermi può interferire con la produzione di melatonina, l'ormone del sonno.

5. Alimenti e Bevande:

Evita cibi pesanti, caffeina e alcol prima di coricarti. Mentre l'alcol può farti sentire sonnolento, può disturbare il sonno durante la notte.

6. Esercizio Fisico:

L'attività fisica durante il giorno può aiutarti a dormire meglio di notte. Tuttavia, cerca di evitare esercizi intensi nelle ore serali.

Il Sonno e la Salute Cognitiva:

Il sonno non è solo un "interruttore di spegnimento" per il corpo, ma un periodo vitale di manutenzione e riparazione per la mente.

1. Processi Neurologici:

Durante il sonno, le cellule gliali nel cervello puliscono i detriti neurologici, un processo vitale per mantenere la salute neuronale e prevenire malattie neurodegenerative come l'Alzheimer.

2. Consolidamento della Memoria:

Durante il sonno, il cervello "ripete" le informazioni apprese durante il giorno, consolidando i ricordi e spostando le informazioni dalla memoria a breve termine a quella a lungo termine.

3. Creatività e Risoluzione dei Problemi:

Molti individui trovano soluzioni ai problemi o idee creative dopo un buon sonno. Questo perché il cervello riesamina e connette diverse informazioni durante le fasi REM del sonno.

Effetti Prolungati della Privazione del Sonno:

Mancazione cronica di sonno può portare a una serie di problemi a breve e lungo termine.

1. Riduzione delle Capacità Cognitive:

La mancanza di sonno può ridurre l'attenzione, la concentrazione e le capacità decisionali.

2. Problemi d'Umore:

L'insonnia cronica può aumentare il rischio di sviluppare disturbi dell'umore come depressione e ansia.

3. Riduzione del Sistema Immunitario:

Una mancata rigenerazione durante il sonno può portare a un sistema immunitario indebolito, rendendo il corpo più suscettibile a malattie e infezioni.

Consigli Addizionali per Migliorare la Qualità del Sonno:

1. Materasso e Cuscini:

Investi in un buon materasso e cuscini per garantire un sostegno adeguato e una posizione corretta durante il sonno.

2. Profumo della Stanza:

L'uso di oli essenziali come la lavanda può creare un ambiente più rilassante e favorire un sonno migliore.

3. Terapie di Rilassamento:

Tecniche come il rilassamento muscolare progressivo o l'ascolto di suoni della natura possono aiutare ad addormentarsi più facilmente.

4. Riduzione dei Pisolini Durante il Giorno:

Se ti trovi a fare frequenti pisolini durante il giorno, potrebbe influenzare negativamente la qualità del sonno notturno. Se necessario, limita i pisolini a 20-30 minuti nel primo pomeriggio.

Conclusione:

Dedicarsi attivamente a migliorare la qualità e la quantità del sonno può non solo ridurre l'overthinking, ma può anche portare a un benessere generale migliorato, aumentare la produttività e la chiarezza mentale e potenziare la salute fisica e emotiva. Considera il sonno come un investimento nella tua salute e nel tuo benessere complessivo.

19. Stabilire una routine quotidiana

I benefici della routine:

1. Prevedibilità e Struttura:

Una routine offre un senso di normalità e prevedibilità nella vita quotidiana, il che può ridurre l'ansia e l'incertezza.

2. Miglioramento dell'Efficienza:

Con una routine ben stabilita, si risparmia tempo ed energia pensando a cosa fare dopo. Questo riduce la procrastinazione e aumenta la produttività.

3. Rinforzo delle Abitudini Positive:

Quando ripetiamo determinate attività ogni giorno, queste diventano abitudini. Una routine ben pianificata può aiutare a instaurare abitudini sane.

4. Regolazione dei Ritmi Circadiani:

Una routine quotidiana, in particolare una routine di sonno costante, può aiutare a regolare i ritmi circadiani del corpo, migliorando il sonno e l'energia diurna.

5. Senso di Realizzazione:

Completare le attività previste in una routine fornisce un senso di soddisfazione e realizzazione, contribuendo a una maggiore autostima.

Creare una routine che promuova la calma:

1. Inizia con una Morning Routine:

Dedica i primi momenti della giornata a te stesso. Questo potrebbe includere meditazione, esercizi di respirazione, esercizio fisico o semplicemente leggere un libro.

2. Pausa Pranzo Rilassante:

Evita di lavorare mentre mangi. Dedica questo momento a una pausa vera e propria, magari facendo una breve passeggiata o praticando brevi esercizi di stretching.

3. Programma del Tempo "Me-time":

Dedica del tempo ogni giorno per fare qualcosa che ami o che ti rilassi, che si tratti di ascoltare musica, fare un bagno caldo o scrivere nel tuo diario.

4. Scollegarsi Digitalmente:

Dedica un'ora o due prima di andare a letto senza dispositivi elettronici. Questo può ridurre l'esposizione alla luce blu e migliorare la qualità del sonno.

5. Routine Serale:

Questo potrebbe includere tecniche di rilassamento come la lettura, la meditazione o semplici esercizi di respirazione. Creare una routine serale può segnalare al tuo corpo che è ora di rallentare e prepararsi per un sonno riposante.

6. Pianificazione e Revisione:

Dedicare un momento, magari la sera o la mattina presto, per pianificare la giornata successiva o riflettere sulla giornata appena trascorsa. Questo può aiutare a mettere le cose in prospettiva e ridurre l'overthinking.

Il legame tra routine e riduzione dell'overthinking:

L'overthinking spesso emerge in assenza di chiarezza, quando la mente vagabonda senza meta, cercando risposte o soluzioni. Stabilire una routine fornisce un sentiero chiaro e definito per la giornata, riducendo la necessità di decisioni costanti e minimizzando i momenti di incertezza.

Profondità nelle routine specifiche:

1. Pianificazione del Pasto:

Pianificare i pasti può sembrare un dettaglio insignificante, ma può ridurre il sovraccarico decisionale, evitando la costante domanda "cosa dovrei mangiare oggi?" Questo conserva energia mentale e riduce l'opportunità di overthinking legato al cibo.

2. Dedica alla Formazione Personale:

Includere un momento dedicato alla formazione o all'apprendimento personale. Ciò potrebbe includere la lettura di un libro, l'ascolto di un podcast educativo o la visione di un documentario. Nutrire la mente può aiutare a canalizzare l'energia dell'overthinking in modi produttivi.

3. Rituali di Bellezza e Autocura:

Creare una routine di bellezza o autocura può servire come un momento meditativo. Che si tratti di skincare, di una routine per capelli o di un bagno rilassante, questi momenti possono diventare sacri e un'opportunità per connettersi con sé stessi.

4. Impostare degli Allarmi e Promemoria:

Non si tratta solo di svegliarsi al mattino. Impostare degli allarmi per ricordare pause, momenti di stretching o persino per bere acqua può garantire che ti stai prendendo cura di te stesso. Inoltre, elimina l'ansia di dimenticare qualcosa.

5. Connettersi con la Natura:

Se possibile, incorpora nella tua routine quotidiana del tempo all'aperto. Può trattarsi di una breve passeggiata, di giardinaggio o semplicemente di prendere un caffè in veranda. La connessione con la natura ha dimostrato di ridurre i livelli di cortisolo e promuovere il benessere mentale.

6. Pausa Riflessiva:

Questo può essere un momento in cui metti da parte tutto, chiudi gli occhi e semplicemente sei presente. Durante questa pausa, fai un check-in con te stesso, nota come ti senti e cosa sta succedendo nella tua mente.

La flessibilità nella routine:

Anche se l'idea di una routine suggerisce una struttura rigida, è importante mantenere una certa flessibilità. La vita può presentare imprevisti e potrebbero esserci giorni in cui non riesci a seguire la tua routine alla lettera. E questo va bene. L'obiettivo principale è avere una guida che ti aiuti a navigare la giornata con un senso di intenzionalità e proposta, piuttosto che essere reattivo ai vari stimoli e situazioni che emergono.

Aggiustamenti Personalizzati e Flessibilità:

1. Fai delle Variazioni:

Una routine non deve essere rigida. Introdurre delle piccole variazioni può aiutarti a mantenere l'interesse e l'impegno.

2. Tempo per l'Improvvisazione:

Non tutto deve essere pianificato fino all'ultimo dettaglio. Lascia spazi nella tua routine per l'improvvisazione e la spontaneità.

3. Routine Stagionali:

Adatta la tua routine alle diverse stagioni. Per esempio, potresti voler fare esercizio all'aperto in estate e attività indoor durante l'inverno.

Incorporare Tecniche di Rilassamento:

1. Stretching Mattutino:

Un piccolo set di esercizi di stretching al mattino può attivare il corpo e prepararlo per la giornata.

2. Tecniche di Respirazione:

Integra delle tecniche di respirazione nella tua routine, ad esempio durante le pause, per aiutarti a gestire lo stress e l'ansia.

3. Visualizzazione:

Utilizza tecniche di visualizzazione per prepararti mentalmente a impegni o eventi stressanti della giornata.

Valutazione e Reiterazione:

1. Analisi Settimanale:

Prenditi un momento alla fine di ogni settimana per valutare come la tua routine sta influenzando il tuo benessere. Apporta le modifiche necessarie per la settimana successiva.

2. Indicatori di Performance:

Stabilisci degli indicatori (KPI) per misurare l'efficacia della tua routine. Questi potrebbero includere livelli di stress, qualità del sonno, o livelli di energia durante il giorno.

3. Feedback da Persone di Fiducia:

Condividi la tua routine con familiari o amici di fiducia e richiedi il loro feedback. A volte una prospettiva esterna può offrire intuizioni preziose.

Casi Speciali:

1. Per i Genitori:

Se sei un genitore, includi nella tua routine momenti specifici per dedicarti ai tuoi figli, per rilassarti con loro o per fare attività educative.

2. Per Gli Studenti:

Se sei uno studente, integra nel tuo programma spazi per lo studio ma anche per il relax e le attività sociali. Una vita equilibrata aiuta a ridurre l'overthinking.

3. Per i Professionisti:

Se sei nel mondo del lavoro, ricorda di bilanciare il tempo trascorso in ufficio con attività che ti aiutano a disconnetterti e rilassarti.

Conclusione:

Ricorda, la tua routine quotidiana è unica per te. È una struttura flessibile che dovrebbe servirti e sostenerti, non un insieme rigido di regole a cui devi aderire a tutti i costi. Essa dovrebbe evolvere con te e le tue esigenze, sostenendo un equilibrio tra produttività, benessere e relax.

20. Conclusione: Il percorso verso la calma

Riflessione sul Viaggio:

Abbiamo percorso un sentiero di profonda introspezione e scoperta. L'overthinking non è solo un ostacolo mentale; può permeare ogni aspetto della nostra vita, ostacolando il nostro benessere, le relazioni e la produttività. Tuttavia, come abbiamo esplorato in ciascun capitolo, ci sono strumenti e tecniche a nostra disposizione per affrontare e superare questa tendenza.

Punti Chiave:

Comprensione dell'Overthinking: Abbiamo sviscerato le cause, le manifestazioni e le ripercussioni dell'eccessiva riflessione. Riconoscere il problema è il primo passo per affrontarlo.

Strategie e Tecniche: Dalla meditazione alla gratitudine, dall'arte alla gestione del tempo, abbiamo esplorato una vasta gamma di strumenti che possono aiutarti a centrare la mente, calmarla e mantenerla focalizzata sul presente.

Personalizzazione: Ogni individuo è unico, e ciò che funziona per una persona potrebbe non funzionare per un'altra. Abbiamo sottolineato l'importanza di adattare queste tecniche alla propria vita e alle proprie esigenze.

Un Invito all'Azione:

Ora che sei armato di conoscenza e strumenti, ti incoraggiamo a fare il primo passo. Non importa quanto piccolo. Potrebbe essere prendersi cinque minuti al giorno per meditare o scrivere tre cose per cui sei grato ogni sera. Il viaggio verso la conquista dell'overthinking e l'abbraccio della calma è un processo, non una destinazione.

Guardando Avanti:

Il percorso verso la calma è uno di costante apprendimento e adattamento. Ci saranno giorni buoni e giorni meno buoni. Ma con ogni passo che fai, con ogni strumento che applichi, ti avvicini sempre di più a una vita più centrata, presente e serena.

Un Ultimo Pensiero:

Come in ogni viaggio, ci saranno ostacoli e deviazioni. Tuttavia, la determinazione, l'impegno e la volontà di investire in te stesso garantiranno il tuo successo. Tu hai il potere di plasmare la tua realtà mentale e di vivere una vita libera dall'overthinking. Inizia oggi, un piccolo passo alla volta, e guarda quanta strada puoi percorrere.

E con questo, ti auguriamo pace, serenità e una mente chiara nel tuo percorso verso la calma. Inizia ora e abbraccia ogni momento.

Riepilogo e Risorse Utili

Nel nostro viaggio attraverso la comprensione e la gestione dell'overthinking, abbiamo toccato vari aspetti chiave e tecniche che possono aiutare a trovare calma e chiarezza nella vita quotidiana:

Introduzione: Abbiamo esplorato la natura dell'overthinking e i suoi effetti sulla salute mentale e fisica.

Cause dell'Overthinking: Esaminato come eventi passati, la paura del futuro e il perfezionismo possono alimentare cicli di riflessione eccessiva.

Connessione tra Stress e Overthinking: Analizzato come lo stress può aggravare l'overthinking e la reazione del corpo.

Il Ciclo Negativo dell'Overthinking: Scoperto come l'overthinking può diventare un ciclo autoalimentante.

Riconoscimento dell'Overthinking: Imparato a identificare e monitorare i segni e i sintomi.

Meditazione e Mindfulness: Introdotti alla pratica della consapevolezza e tecniche di meditazione.

Respiro Consapevole: Analizzato l'importanza del respiro nella gestione dell'overthinking.

La Pratica della Gratitudine: Evidenziato come focalizzarsi sul positivo può combattere l'overthinking.

Limitare le Distrazioni: Suggerimenti su come creare ambienti propizi per la concentrazione.

Fissare dei Limiti: L'importanza di stabilire confini personali.

Esercizio Fisico: Discusso i benefici dello sport e dell'attività fisica per la mente.

Scrivere per Liberare la Mente: Introdotti al journaling e alla scrittura terapeutica.

Parlare con Qualcuno: Evidenziato il valore della terapia e del confidarsi.

Gestione del Tempo: Suggerimenti su come pianificare e evitare la procrastinazione.

Accettare l'Incertezza: Imparato a vivere nel presente e rilasciare il bisogno di controllo.

Arte e Creatività: Discusso l'uso dell'arte come forma di espressione e coping.

Limitare gli Stimolanti: Analizzato l'effetto di caffè, alcol e zuccheri sull'ansia.

Il Potere del Sonno: Sottolineato l'importanza del sonno per la salute mentale.

Routine Quotidiana: Discusso come una routine può promuovere la calma.

Conclusione: Riflessioni finali sul percorso verso la calma.

Risorse Utili:

Mindful.org - Un sito completo sulla mindfulness con articoli, pratiche e corsi.

Headspace - App di meditazione che offre guide e sessioni guidate per vari livelli.

The National Sleep Foundation - Fornisce informazioni dettagliate sul sonno e suggerimenti per una migliore igiene del sonno.

Psychology Today - Un sito dove è possibile trovare terapeuti locali e leggere articoli su vari argomenti legati alla psicologia.

The Minimalists - Suggerimenti su come ridurre le distrazioni e vivere una vita più semplice.

Ti invitiamo a consultare queste risorse e a continuare la tua ricerca per migliorare la tua vita. Ricorda, ogni passo, per quanto piccolo, ti avvicina a una mente più calma e centrata. Buona fortuna nel tuo percorso verso la serenità e la pace interiore.

Appunti Personali :